高等职业教育物流工程技术专业系列教材

物流工程项目管理

主　编　杨新凤
副主编　魏　波　梁　飞
参　编　王建立　程　超

机械工业出版社
CHINA MACHINE PRESS

本书较系统地介绍了物流工程项目管理的基本理论和相关知识。全书共分8个单元，包括认识物流工程项目管理、物流工程项目可行性分析、物流工程项目范围管理、物流工程项目计划管理、物流工程项目成本管理、物流工程项目质量管理、物流工程项目风险管理和物流工程项目人力资源管理。本书案例丰富，每个单元都设置了思考与训练，有利于学生复习、巩固、消化、吸收理论知识，更有利于提高学生的分析理解能力和实际应用能力。

本书可以作为高职高专、高职本科、本科院校物流管理、工程物流管理、物流工程技术等专业的教材，也可作为物流企事业单位相关人员的参考书。

图书在版编目（CIP）数据

物流工程项目管理/杨新凤主编．—北京：机械工业出版社，2022.8
高等职业教育物流工程技术专业系列教材
ISBN 978-7-111-71086-8

Ⅰ.①物… Ⅱ.①杨… Ⅲ.①物流管理－项目管理－高等职业教育－教材 Ⅳ.①F252.1

中国版本图书馆 CIP 数据核字（2022）第 113433 号

机械工业出版社（北京市百万庄大街22号　邮政编码100037）
策划编辑：陈玉芝　张雁茹　责任编辑：陈玉芝　张雁茹
责任校对：贾海霞　李　婷　封面设计：马若濛
责任印制：刘　媛
涿州市京南印刷厂印刷
2022年8月第1版第1次印刷
184mm×260mm · 8.75 印张 · 211 千字
标准书号：ISBN 978-7-111-71086-8
定价：45.00元

电话服务　　　　　　　　网络服务
客服电话：010-88361066　机 工 官 网：www.cmpbook.com
　　　　　010-88379833　机 工 官 博：weibo.com/cmp1952
　　　　　010-68326294　金 书 网：www.golden-book.com
封底无防伪标均为盗版　机工教育服务网：www.cmpedu.com

前　言

Foreword

随着物流产业的高速发展，项目管理逐渐在物流行业中得到广泛应用。实施物流工程项目的高效管理要求项目负责人和参与者具备多方面的知识和能力，既要了解物流行业的情况，又要熟悉项目管理理念和流程，理解项目的精髓。因此，系统地学习物流工程项目管理的基本理论和方法有助于相关人员更好地完成物流工程项目。

本书编者根据多年的物流工程项目管理课程教学经验编写了此书。全书共分 8 个单元，单元一为认识物流工程项目管理，单元二介绍了物流工程项目可行性分析的基本理论和方法，单元三～单元八分别介绍了物流工程项目的范围管理、计划管理、成本管理、质量管理、风险管理和人力资源管理。

本书的编写贯彻落实了校企融合的宗旨，切合实际，突出实用。书中列举了既具有代表性又贴近现实生活的新颖案例，解析案例时紧扣学生容易失误的地方，阐释问题时突出应用环节。

本书由湖南现代物流职业技术学院教师杨新凤主编，并负责全书的统稿。杨新凤负责编写了单元一～单元六；魏波负责编写了单元七；梁飞负责编写了单元八；中交第四公路工程局有限公司王建立以及湖南尚筑建设工程有限公司程超进行了部分案例的编写。本书在编写过程中得到了学校和企业的大力支持，在此表示衷心感谢。此外，书中参考的著作已列于"参考文献"中，在此对其作者一并表示敬意和感谢。

由于编者水平所限，书中难免存在不妥之处，敬请读者批评指正。

编　者

目录

Contents

前言

单元一　认识物流工程项目管理 …………1
引例 …………………………………………… 1
项目一　认识项目 ……………………………… 2
　一、项目的定义 ……………………………… 3
　二、项目的分类 ……………………………… 3
　三、项目的特点 ……………………………… 4
　四、项目与运作 ……………………………… 5
　五、项目的生命周期 ………………………… 5
项目二　项目管理 ……………………………… 6
　一、项目管理的发展 ………………………… 6
　二、项目管理的特点 ………………………… 7
　三、项目管理的内容 ………………………… 8
　四、工程项目管理模式 ……………………… 9
　五、物流工程项目管理的特殊性 …………… 10
思考与训练 …………………………………… 11

单元二　物流工程项目可行性分析 ……… 12
引例 …………………………………………… 12
项目一　机会研究 …………………………… 13
　一、机会研究的含义 ………………………… 13
　二、物流工程项目建议书的基本内容 ……… 13
项目二　项目选择 …………………………… 15
　一、项目选择需考虑的因素 ………………… 15
　二、项目选择的评价模型 …………………… 15
项目三　项目可行性研究 …………………… 17
　一、项目必要性研究 ………………………… 17
　二、市场研究 ………………………………… 18
　三、技术评价 ………………………………… 19
　四、项目建设条件 …………………………… 19
　五、项目选址 ………………………………… 20
项目四　项目经济评价 ……………………… 20
　一、现金流量 ………………………………… 20
　二、资金的时间价值 ………………………… 21
　三、资金时间价值的计算方法 ……………… 21
　四、经济效果评价指标 ……………………… 23
项目五　项目不确定性分析 ………………… 28
　一、盈亏平衡分析 …………………………… 28
　二、敏感性分析 ……………………………… 29
　三、概率分析 ………………………………… 29
项目六　项目评估 …………………………… 30
思考与训练 …………………………………… 31

单元三　物流工程项目范围管理 ………… 32
引例 …………………………………………… 32
项目一　项目目标 …………………………… 33
　一、物流工程项目目标的含义与特点 ……… 33
　二、物流工程项目目标的确定原则与
　　　指标描述 ………………………………… 34
项目二　物流工程项目范围管理概述 ……… 35
　一、项目范围管理概述 ……………………… 35
　二、工作分解结构 …………………………… 36
　三、工作分解结构的表示形式 ……………… 38
　四、控制范围 ………………………………… 40
项目三　物流工程项目采购管理 …………… 40
　一、采购模式 ………………………………… 41
　二、采购规划 ………………………………… 41
　三、采购管理计划 …………………………… 42
　四、采购工作说明书 ………………………… 42
　五、采购文件 ………………………………… 42
项目四　物流工程项目招投标管理 ………… 43
　一、项目招投标的基本方式 ………………… 43
　二、招投标过程 ……………………………… 44
　三、招标的准备 ……………………………… 46
　四、招标过程控制 …………………………… 51
思考与训练 …………………………………… 53

单元四　物流工程项目计划管理 ………… 54
引例 …………………………………………… 54
项目一　物流工程项目计划管理概述 ……… 54
　一、项目计划 ………………………………… 55
　二、项目活动排序 …………………………… 56
　三、项目活动时间估算 ……………………… 59

项目二 网络计划技术	60
一、网络计划技术概述	60
二、网络计划技术中的基本概念	61
三、网络计划的编制步骤	62
四、网络图的绘制方法和基本规则	62
项目三 网络计划技术方法	64
一、关键路线	64
二、绘制网络图	65
三、时间参数及其计算	66
项目四 物流工程项目计划的优化	69
一、工期优化	69
二、费用优化	71
思考与训练	73

单元五 物流工程项目成本管理 …… 77

引例	77
项目一 物流工程项目成本的构成	78
一、项目成本的构成要素	79
二、物流工程项目成本管理原则	79
项目二 物流工程项目成本估算	82
一、成本估算方法	82
二、储备分析	84
项目三 物流工程项目成本预算	85
一、确定目标成本	85
二、编制成本预算	86
项目四 物流工程项目成本分析	89
一、综合成本分析	90
二、目标成本差异分析	92
项目五 物流工程项目成本控制	93
一、成本控制方法	93
二、成本控制措施	97
项目六 物流工程项目成本决算	99
思考与训练	100

单元六 物流工程项目质量管理 …… 101

引例	101
项目一 物流工程项目质量管理概述	102
一、质量	102

二、项目质量	102
三、质量管理的3个阶段	102
四、物流工程项目质量管理的原则	103
项目二 物流工程项目质量控制	106
一、物流工程项目质量保证	106
二、物流工程项目质量控制的内容	107
三、物流工程项目质量控制方法和技术	107
思考与训练	110

单元七 物流工程项目风险管理 …… 111

引例	111
项目一 物流工程项目风险管理概述	111
一、物流工程项目风险	111
二、物流工程项目风险类型	112
三、物流工程项目风险管理的定义	113
四、物流工程项目风险管理计划	113
项目二 物流工程项目风险识别	115
项目三 物流工程项目风险应对	116
一、消极风险应对策略	117
二、积极风险应对策略	118
三、应急策略	118
思考与训练	119

单元八 物流工程项目人力资源管理 … 120

引例	120
项目一 项目经理	120
一、项目经理的职责	120
二、项目经理的技能	121
项目二 项目团队	123
一、项目团队的发展及其有效性	123
二、项目团队工作障碍	125
三、项目团队冲突处理	126
项目三 项目组织类型	127
一、项目组织的特征	127
二、项目组织的基本类型	127
思考与训练	131

参考文献 …… 132

单元一
认识物流工程项目管理

引 例

　　1994年，原中华人民共和国国家科学技术委员会（简称"国家科委"）、原中华人民共和国国家计划委员会（简称"国家计委"）、原中华人民共和国国家经济贸易委员会（简称"国家经贸委"）、原中华人民共和国国家经济体制改革委员会（简称"国家体改委"）和原中华人民共和国铁道部（简称"铁道部"）课题组完成了《京沪高速铁路重大技术经济问题前期研究报告》的深化研究。同年12月，中华人民共和国国务院（简称"国务院"）批准开展京沪高速铁路预可行性研究。

　　1996年4月，原铁道部完成《京沪高速铁路预可行性研究报告（送审稿）》。

　　1997年4月，原铁道部完成《京沪高速铁路预可行性研究报告补充研究报告》，并据此上报了项目建议书。

　　2000年1月，原铁道部配合原中国国际工程咨询有限公司（简称"中咨公司"）完成并上报原国家计委《关于高速轮轨与高速磁悬浮比较的论证报告》。

　　2001年，原国家计委和原中华人民共和国国土资源部（简称"国土资源部"）联合颁发《关于预留京沪高速铁路建设用地的通知》，要求沿线地方政府预留京沪高速铁路建设用地。

　　2003年9月，原中咨公司召开了京沪高速铁路建设论证会，评估了京沪高速铁路建设的必要性，进行了轮轨方案和磁浮方案的比选，认为高速轮轨技术是必然选择。

　　2006年2月22日，国务院第126次常务会议批准京沪高速铁路立项。

　　2007年10月22日，国务院决定成立京沪高速铁路建设领导小组；同年12月10日，京沪高速铁路建设领导小组第一次会议召开；同年12月27日，京沪高速铁路股份有限公司成立。

　　2008年4月18日，京沪高速铁路开工典礼举行，时任国务院总理温家宝出席，京沪高速铁路全线开工。

　　2009年6月30日，京沪高速铁路全线路基施工完成。

　　2010年1月14日，京沪高速铁路进入轨道板铺设阶段；同年11月15日，京沪高速铁路全线铺轨完成；同年 12 月 3 日，在京沪高速铁路枣庄至蚌埠间的先导段联调联试和综合试验中，由原中国南车集团研制的"和谐号"380A 新一代高速动车组于上午 11 时 28 分达到 486.1km/h 的最高速度，刷新了世界铁路运营试验的最高速度；同年 12 月 6 日，京沪高速铁路主力车型 CRH380A 动车组 1∶1 实体模型亮相。

2011 年 5 月 11 日，京沪高速铁路全线开始为期一个月的空载试运行；同年 6 月 7 日，京沪高速铁路全线开始满图试运营；同年 6 月 16 日，京沪高速铁路全面载客从上海虹桥到北京南站试跑，为通车做准备；同年 6 月 30 日，京沪高速铁路举行首发仪式，时任国务院总理温家宝出席并乘坐首发列车；同年 7 月 1 日，京沪高速铁路正式开通运营。

2013 年 2 月 25 日，京沪高速铁路工程通过国家验收。

2019 年 10 月 24 日，中国证券监督管理委员会（简称"中国证监会"）官网披露关于京沪高速铁路股份有限公司的《首次公开发行股票并上市》材料，接收京沪高速铁路股份有限公司 IPO 申请。公开资料显示，京沪高速铁路股份有限公司在 10 月 22 日向中国证监会递交上市材料，并于 23 日获得中国证监会的受理通知。

2019 年 11 月 14 日，中国国家铁路集团有限公司控股的京沪高速铁路股份有限公司申请首次公开发行股票，并在上海证券交易所主板上市，获得中国证监会发行审核委员会会议审核通过。

2019 年 12 月 20 日，京沪高速铁路股份有限公司获得 IPO 批文。人民日报、易方达基金等 21 家国有资本、扶贫投资基金、战略配售基金积极参与了京沪高速铁路股份有限公司战略配售。

2020 年 1 月 16 日，京沪高速铁路股份有限公司在上海证券交易所主板挂牌上市，这标志着"中国高铁第一股"成功登陆 A 股，铁路股份制改造取得重要进展。

项目已经成为人类社会不可或缺的部分。各式各样的项目促进着社会的变革与进步、国民经济的发展、地区的繁荣和企业的兴旺。项目是指一个过程，而不是单指过程终结所形成的成果。经过长期的探索与总结，目前已形成了系统的项目管理理论和方法，并成为现代管理学的一个重要分支。物流业是我国新兴的产业，物流工程项目层出不穷，既有物流"硬件"设施的建设，又有物流"软件"项目的规划与咨询。

项目一　认识项目

学习目标：
1. 掌握项目的定义、内涵及特点。
2. 了解项目的分类。
3. 理解项目的特点以及项目与运作的区别。
4. 掌握项目的生命周期以及各阶段的特点。

我们已经步入项目化社会，项目无处不在，很多项目与我们的生活息息相关，如城市地铁、京沪高速铁路、城中村改造、南水北调、开发新产品、改造生产线、装修房子、组织一次拓展训练等。这些活动的规模差异巨大，持续时间长短不一，所需资金或多或少，但它们都具有项目的基本特征，可以采用专门的方法和工具进行管理。

项目管理已经成为最受组织推崇的工具之一，运用项目管理可以快速响应外部需求，取得技术突破，改进产品开发，从而更好地把握商业环境中稍纵即逝的机遇。

一、项目的定义

项目的定义有多种版本，具有代表性的有以下几种。

美国项目管理协会（PMI）认为，项目是为创造独特的产品、服务或成果而进行的临时性工作。项目创造的产品可以是终端用户使用的产品，如计算机；也可以是其他产品的组成部分，如计算机芯片。

克利福德·F. 格雷（Clifford F. Gray）认为，项目就是以一套独特而相互联系的任务为前提，有效地利用资源，为实现一个特定的目标所做的一次性的努力，它受时间、预算和资源的限制。

罗伯特·K. 威索基（Robert K. Wysocki）认为，项目是由一些独特的、复杂的相关活动所组成的一个序列，它有一个必须在特定时间内、在预算之内及根据规范完成的目的或目标。

德国标准化协会（DIN）认为，项目是指在总体上符合如下条件的唯一性任务，即具有预定的目标；具有时间、财务、人力和其他限制条件；具有专门的组织。

中国项目管理协会认为，项目是由一组有起止时间的、相互协调的受控活动所组成的特定过程，该过程要达到符合规定要求的目标，包括时间、成本和资源约束的条件。

归纳上述定义，项目的含义如图 1-1 所示。

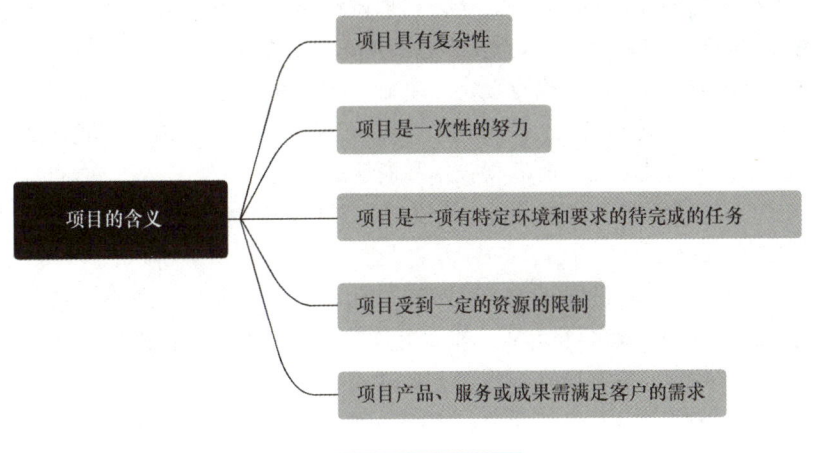

图 1-1　项目的含义

由项目的定义和含义可知，项目是一个宽泛的概念，涵盖的范围非常广，如组织一次春游、修建一栋宿舍楼等都可作为项目对待。如无特别说明，本书中的项目主要指物流工程项目。

二、项目的分类

按投资方向和投资主体的活动范围，项目可分为竞争性项目、基础性项目和公益性项目 3 类。表 1-1 列出了 3 类项目涉及的行业和投资信息。

表 1-1　3 类项目涉及的行业和投资信息

项目类型	涉及行业	投资主体	投资筹措方式	投资使用方式
竞争性项目	1）工业 2）建筑业 3）餐饮、供销仓储业 4）房产、服务、咨询业 5）金融、保险	个人或企业	经营性筹资	风险性和规模性投资
基础性项目	1）农、林、牧、渔、水利设施 2）能源 3）交通、通信业 4）公用设施	企业与政府	政府引导企业投资	有偿重点投资
公益性项目	1）文、教、科研、卫生、体育、环保设施 2）公、检、法、司等设施 3）政府、国防设施	政府	政策性筹资	无偿投资

三、项目的特点

1）项目是一系列的工作。项目的执行要通过完成一系列相互关联的任务，也就是许多不重复的任务以一定的顺序完成，以便达到项目目标。如一台计算机的研发项目，可以分解为硬盘存储系统、CPU、操作系统、输入/输出设备等的研发，层层分解下去，就可以分解为一个个工作包。

2）项目的管理过程需要跨越职能和组织边界。项目成员往往来自不同的部门，项目组织关系与人员关系复杂，需要大量的协调工作。如某公司实施 ERP 项目，从采购、生产、营销、财务、人力资源和信息中心等部门及分、子公司抽调约 20 人，组成了一个项目小组，软件商派出了一个 10 余人的项目实施队伍，双方在一起工作，人员之间协调的工作量很大。

3）项目为组织战略的设计和执行奠定了基础。项目是支撑企业战略的手段和工具，如英特尔公司的战略是开发更新、更快、更小的 CPU，实现向市场的渗透，该战略是通过一系列的研发项目来实现的，项目使公司不断获得技术和商业的发展。

4）项目中的工作任务要围绕项目目标来安排，对项目目标没有贡献的工作应尽可能取消，防止其耗费有限的项目资源。

5）项目的结果属性。项目都有一个特定的目标，一个期望的产品或结果。项目目标通常依照工作范围、进度计划和成本来定义。如 2 个月内为客户把符合性能规格的机电设备安装完毕，满足客户的使用要求，成本预算不超过 100 万元。

6）项目需运用各种资源来执行任务。资源包括人力、设备、原材料和工具等。例如，装修房子，则需要沙子、水泥、钢筋、油漆、板材、工人等资源。

7）项目的约束性。所有项目在实施过程中都会受到资源、时间或资金等的约束，世界上没有不受资源和时间约束的项目，但这并不意味着项目不能突破约束。据斯坦迪什集团（Standish Group）统计，30% 的项目能在工期、预算和质量标准内实现项目目标。

8）每个项目都有客户。客户是提供必要的资金以实现项目目标的组织或个人。项目团队完成的项目目标必须使客户满意。当一个建筑公司为管理学院建造一座办公楼时，管理学院既是为办公楼建设提供资金的客户，也是办公楼建成后的用户。

9）项目具有不确定性。项目以一套独特的任务、任务所需的预估时间、各种资源和这些资源的有效性及性能为假定条件，并以资源的预估成本为基础，这些假定和预估具有一定程度

认识物流工程项目管理 01

的不确定性。例如可能最初低估了某些资源的成本，而使最终成本高于预估成本。

四、项目与运作

项目与运作具有不同的特点。项目是一次性的，有时间期限的，而运作是持续的，它是公司或某一部门的主要工作，生产相似或相同的产品或服务，没有结束的时间。如快递公司每天要处理成千上万个包裹，银行出纳每天要为许多顾客提供储蓄服务，热电厂每天燃烧煤炭发电，这些工作都没有结束的时间。表1-2归纳了项目与运作的关键区别。

扫码看视频

表1-2 项目与运作的关键区别

区别	项目	运作
目标	特定的	常规的
组织机构	项目组织	职能部门
负责人	项目经理	部门经理
时间	有起止点的有限时间内	周而复始，相对无限
持续性	一次性	重复性
管理方法	风险型	确定型
资源需求	不定性	固定性
任务特性	独特性	普遍性
计划性	事先计划性强	计划无终点
考核指标	以目标为导向	效率和有效性

五、项目的生命周期

项目的生命周期是按顺序排列而有时又相互交叉的各阶段的集合，表现了项目管理的逻辑性。典型的生命周期分为4个阶段：定义阶段、规划阶段、执行阶段和收尾阶段。项目生命周期各阶段项目管理的主要工作内容见表1-3。

扫码看视频

表1-3 项目生命周期各阶段项目管理的主要工作内容

定义阶段	规划阶段	执行阶段	收尾阶段
明确需求、策划项目	确定项目主要成员	建立项目组织	完成项目产品
调查研究、收集数据	项目产品范围界定	建立项目沟通渠道	评价与验收
提出项目建议书	实施方案研究	建立项目激励机制	项目评价
可行性研究	质量标准确定	建立项目工作包	文档总结
明确合作关系	资源保证	建立项目信息控制系统	资源关闭
确定风险等级	环境保证	执行工作分解	解散项目组
拟定战略方案	项目预算制订	获得订购物品及服务	
资源估算	项目程序制订	项目控制	
	风险评估	制订赶工计划	

需要指出的是，项目生命周期阶段划分的数量和名称不是固定的，PMI认为应根据项目本身的特点、项目管理与控制的需要以及所在应用领域加以适当划分。如亚洲开发银行把项目分为项目鉴别、技术援助及贷款准备、贷款谈判、项目实施、项目竣工5个阶段；欧盟把项目分为规划、识别、评估、融资、实施、后评价6个阶段；世界银行把项目分为项目筛选、准备、项目评估、谈判及申报、执行监督、项目后评价6个阶段。

【案例】商用车生产线扩建项目的实施过程

2008年8月1日,河北南风汽车设备集团有限公司(简称"南风公司")商用车总装配车间决定实施重型车装配线改造项目,计划投资7000万元,工期10个月。2009年6月,建成了产能、质量、成本和信息化等各项指标均是优良的生产线,顺利实现投产。项目经历了如下几个阶段。

1)项目论证与可行性研究。项目团队经过5个月的努力,从南风公司的发展定位、市场需求预测、技术方案、资金需求、安全与环境保护等多方面进行了论证,撰写了项目可行性研究报告。经过三次专家组审议,多次公司管理层会议讨论,最后确定拆除一条旧生产线,上马全自动生产线。公司市场部预测商用车销售市场将在2009年夏季回暖,为了获得最佳市场业绩,建议新生产线在旺季到来前建成投产,公司为该项目建设确定了10个月的工期。

2)初步设计阶段。公司组建了项目团队,任命了项目负责人,项目团队确定了装配线应达到的基本要求,并从品质、工艺、物流、信息化程度、安全环保、成本等方面对项目进行分解,设定细化指标,进一步组织专业人员完成初步设计。为了控制设计进度和质量,采取周例会、日总结等方法进行监控。

3)规划阶段。初步设计完成后,将工程整体承包给专业设计院。由于设计院参与了初步设计,对项目情况熟悉,详细设计阶段进展顺利。安全评价与环境评价同步进行,节省了时间。

4)施工阶段。采取日例会和日通报的方式,严格控制施工进度。设计变更和工程变更严格按照流程审批,快速处理。现场反馈变更需求后,立即组织专家组和设计师现场办公,调整方案后立即确定。施工中根据实际情况优化网络计划,多个承包商交叉作业但互不干扰。特殊情况下适时调整作业过程,如施工中遇到政府召开文化艺术节,禁止拉土车上路,项目管理方立即调整计划,将土建工作暂缓,安排其他项目活动施工。

5)收尾阶段。项目施工完成之后,项目部留部分员工,其他员工撤离。剩下的员工进行资料整理等收尾工作。

项目二　项目管理

学习目标:
1. 了解项目管理的发展历程。
2. 理解项目管理的特点。
3. 理解项目管理的内容。
4. 掌握工程项目管理模式以及各种模式的优缺点。

一、项目管理的发展

项目管理的思想是随着人类社会的项目实践逐步发展成熟的。我国历史上各个朝代都有大规模的工程项目,如万里长城、秦始皇陵、四大石窟、京杭大运河、宫殿园林等。这些庞大的项目需要高超的计划、组织和协调能力。

管理大规模的工程项目必然需要一些技术和方法，如人员组织、物资供应、质量控制等，否则工程是无法完成的。表1-4所示是我国早期的工程管理机构或相关的官职。

表1-4 我国早期的工程管理机构或相关的官职

时期	设置的机构或相关官职
西周时期	封人（主管建造城邑）、遂人（主管井田水渠和道路建设）、司险（主管道路工程）、冢人（主管陵墓工程）、量人（主管都城和城邑规划与军营建设）、土方氏（主管测量）
秦朝	设将作少府，管理土木建筑
汉朝	设将作大匠，掌管修建宗庙、路寝、宫室、陵园等
隋朝	设工部，主管制定有关建筑工程的法令规范
唐朝	设将作监，监下设四署，分管木工、土工、舟车工和砖石材料
宋朝	五案、二十七所、十场库
元朝	将作院、缮工司、修内司、祗应司等
明朝	工部设营缮所，内府又有营造司，另有总理工程处
清朝	工部主管全国性工程，制定工程法规；内务府设营造司，主管帝王宫殿、园林的建设

古人在漫长的历史岁月里积累了丰富的工程管理经验。一般认为，项目管理作为一个系统的方法论形成于20世纪40年代。比较典型的案例是美国军方研制原子弹的曼哈顿计划，这个项目历时3年，参与人员达10万。现代项目管理诞生的标志是关键路径法与计划评审技术的问世，这是在1958年前后由杜邦公司和美国海军北极星项目开发的。20世纪50年代末60年代初，美国航空航天和国防工业将项目管理用于所有项目中，大多数其他行业的公司采用了非正式的方法管理项目，多数项目由职能经理来管理，只涉及一两条职能链，采用非正式的沟通为主，人们不把项目管理当作职业。

20世纪70年代和80年代初期，由于项目活动的规模和复杂性不断提高，许多公司放弃了非正式的项目管理，而采用正式的项目管理流程，美国航天局和国防部要求分包商接受项目管理，一些行业的公司也很快跟随。进入20世纪90年代后，公司开始认识到必须实施项目管理。到2006年，项目管理已经进入了各个行业，实践经验也在各个行业中不断积累。

二、项目管理的特点

PMI认为，项目管理就是在项目活动中运用知识、技能、工具和技术，以满足项目的需要。项目管理是通过合理运用与整合启动、规划、执行、监控与收尾5个过程来实现的。在规划和执行项目时，要处理项目干系人的各种需求与期望，平衡范围、质量、进度、预算、资源和风险等制约因素。这个定义包含以下几层意思。

1）项目管理是一种管理模式，而不是一次任意的管理过程。项目管理是以项目为对象的系统管理方法，通过各方利益相关者的合作，建立一个临时性的项目组织，把各种资源应用于项目，进行高效率的计划、组织、协调和控制，使项目利益相关者的需求得到不同程度的满足。项目管理强调在项目活动中运用专门的知识、技能、工具和方法，如项目工作分解、进度计划网络图、关键路径、资源计划与平衡等方法，否则就是经验管理。经验管理并不意味着项目必然失败，如普通居民装修房屋，凭自己的经验和感觉来组织实施也可以把房屋装修得很漂亮。历史上很多规模浩大的工程可能采用的就是经验的、军事的方法，而不是我们现在讨论的项目管理方法。当然，若采用项目管理的方法，那些经典工程的成本和时间可能更节约，质量可能更好。

2）项目管理的目的是使项目能够实现或超过项目干系人的需要。项目干系人的利益不同，需求差异很大，甚至存在冲突，项目管理者应设法满足他们的需要或期望。如城中村改造项目中拆迁居民与开发商的利益是冲突的，居民希望得到最高的补偿，开发商希望得到最高的投资回报，而业主们希望购买到价格适中的新房，项目管理者应尽可能在开发成本不增加的情况下，争取满足每个项目干系人的期望。

3）项目管理过程中要保持进度、成本和质量之间的平衡。项目管理的理想结果是达到最短的工期、最低的成本和最高的质量。进度、成本和质量三大目标之间存在着相互制约关系，任何一个方面出现问题都会影响三者关系的整体平衡。为了达到高质量就必须增加质量保证和控制投入，进度与成本必然要受影响。严格控制质量可以减少或避免返工，有利于保证项目建设进度，减少项目的维护费用。控制项目进度有利于保证项目成本和质量。进度加快，需要投入的人力和物力就会增多。施工条件的限制还可能会带来窝工现象等，引起费用增加。

4）项目管理过程中要取得显性需求与隐性需求的平衡。显性需求是指项目任务书或合同中明确必须满足的各种需求，这些需求也是进行项目评价的主要对象。隐性需求是指合同中没有明确的其他需求，这些需求不作为评价项目成败的指标，但又对项目有着一定的影响。

5）项目管理需要有专门的组织结构、新型的人际关系以及独特的项目文化等要素。

三、项目管理的内容

项目管理的任务是在科学决策的基础上对项目实施全方位、全过程的管理活动，使其在一定约束条件下达到投资、进度、质量和安全的最佳实现。项目管理包括以下主要内容。

1）建立项目管理组织。明确各参与单位在项目实施过程中的组织关系和联系渠道，选择合适的项目组织机构及实施形式，做好项目各阶段的计划准备和具体组织工作，聘任项目经理及有关职能人员。

2）投资控制。编制投资计划（业主编制投资分配计划，施工单位编制施工成本计划），审核投资支出。分析投资变化情况，研究减少投资的途径，采取投资控制措施，将投资控制在计划目标内。

3）进度控制。进度控制包括制定科学的方案、编制合理的计划和实施有效的控制3个任务。编制满足各种需要的进度计划，绘制项目网络图，安排好各项工作的先后顺序和开工、完工时间，确定关键路线的时间；检查计划进度执行情况，处理执行过程中出现的问题，协调各有关方面的工作进度，必要时对原计划进行适当调整。

4）质量控制。质量控制包括制定各项工作的质量要求及质量事故预防措施、建立质量监督与验收标准、控制质量3个方面的任务。

5）HSE管理。健康（Health）、安全（Safety）和环境（Environment）保护，简称HSE管理。保护产品生产者和使用者的健康与安全是项目最低限度的要求，应根据项目实际情况制定安全方针，建立安全控制的组织机构，明确安全职责，严格遵守有关法律法规和惯例，编制程序控制文件，实施安全控制并提供相应的资源，正确处理安全事故。西方发达国家尤其重视HSE管理，如果投标方案中缺乏科学合理的HSE管理内容，即使技术方案很好、报价很低，也不会中标。

6）合同管理。合同管理包括参加合同谈判，起草合同文件，签订及修改合同，处理合同纠纷和索赔等事宜。

7）信息管理。明确参与项目的各单位之间以及本单位内部的信息流，规定收集和处理信息的方法和手段，明确信息传递的形式、时间和内容。

8）风险管理。对项目风险进行定量分析和系统评价，提出风险防范对策及应急应对方案，形成一套有效的项目风险管理程序。

四、工程项目管理模式

工程项目是最为常见、最为典型的项目类型，它是为达到预期的目标，投入一定量的资本，在一定的约束条件下经过一定的程序从而形成固定资产的项目，如道路、楼房、污水处理厂或炼钢高炉等。我国常采取的工程项目管理模式有以下几种。

1. 建设单位自行组织建设模式

政府、事业单位和国有企业通常设置基建处来负责项目建设工作，包括支配资金、准备场地、委托设计、采购器材、招标施工、验收工程等。如大学建设新校区，通常由基建处承担项目管理工作，或者在此基础上成立新校区建设指挥部，挂靠在基建处。在大量基础建设项目中，建设单位通常组建有项目经理部。

此模式容易产生以下问题：一是建设单位项目管理能力不足，不能高质量低成本地实现项目目标；二是项目部权力集中，在缺乏有效监督机制的情况下容易产生腐败现象；三是项目设计和工作范围变更频繁，易导致项目投资额膨胀；四是容易出现质量低劣的"豆腐渣工程"。

【案例】 质量堪忧的大学城新校区

某高校在大学城建设新校区，一期工程包括教学楼6栋、实验楼1栋、宿舍6栋、食堂1座、操场1个、图书馆1栋，楼房全部为多层砖混结构建筑，计划两年建成，2008年3月1日投入使用。学校成立了新校区建设指挥部，校长担任总指挥，指挥部与基建处合署办公，项目管理工作由基建处承担，重大问题由指挥部出面协调。基建处在校园网上发布了设计招标公告，组织施工单位和监理单位招标，项目建设过程中协调各个参建机构，与政府建设管理部门保持密切沟通，办理各项审批手续。经过努力，2008年春季开学前，主要建筑完工，绿化等辅助工作还没有结束，但基本具备了学习与生活条件，师生们搬迁入住。2008年5月12日，汶川地震波及新校区，楼房墙体均出现了大小不一的裂缝。相比之下，老校区使用多年的教学楼却安然无恙。再次走进新校区的教室上课，师生们忧心忡忡。

---

2. 工程指挥部管理模式

对于大型重点工程项目，政府主管部门通常要求建设单位、设计单位、施工单位等派出代表组成工程指挥部，负责项目前期的征地、拆迁和建设期间的协调。很多城市进行的城中村改造项目涉及大量村民和企业搬迁，仅靠开发商市场化运作，建设周期将会大大延长，为此通常建立城中村拆迁改造工程指挥部，将政府有关部门纳入指挥部，推进项目的进度。

工程指挥部管理模式的优点是能够为项目创造良好的实施环境，保证项目实施的效率；缺点是工程指挥部是一个临时机构而非法人，构成人员来自不同部门，他们代表的部门利益不同，无人对项目整体利益负责，工程指挥部做出的决策往往是部门利益平衡的结果。

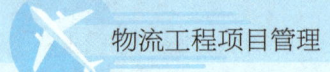

> ### 【案例】花园路改造项目指挥部的"杰作"
>
> 2007年2月28日，某市政府决定对市区花园路进行综合整治，全长4545m，包括道路景观整治、绿化及雨水、污水管网改造、交通信号工程、道路工程、照明工程、隧道天桥装饰工程、市政设施工程7项工程，总投资1.9亿元，计划2007年4月15日完工。政府成立了花园路综合整治项目指挥部，共有19名工作人员，其中10人来自城市管理执法局，其他人来自市政局、园林局和交警队。
>
> 2007年6月26日，施工结束，竣工后不到一个月，路面就出现多处破损、开裂，其中一段300m长的路段上出现了6个直径约20cm的坑。质量低劣问题引起了各界的关注，政府启动问责机制。检察机关查明出现质量问题的主要原因是未按施工规范要求，擅自变更了施工设计。2007年8月28日，审计部门认定工程决算严重掺水，虚报决算款5554万元。就在审计前，项目指挥部还向市政府递交报告，希望再拨款36万元整修问题路段。
>
> 2009年7月16日，检察机关指控项目指挥部道路复浇技术负责人陈某，对项目指挥部违反规定擅自变更原施工设计的行为没有从技术方面提出异议，还向施工单位传达了项目指挥部的决定，导致工程质量问题，涉嫌"滥用职权"。陈某是一名中专毕业生，参加工作6年，不具备担任技术负责人的资历和能力，被派到项目指挥部前是市政管理处下属公司的施工员。他说自己只是一名现场施工员而不是技术负责人，没有文件可以证明他是技术负责人，并且出现质量事故的那一段路面也不归他负责。不过，公诉机关提供了项目指挥部副指挥长、多名工作人员及监理公司人员的证言，称陈某是市政派来的懂技术的人，是整个花园路道路复浇技术负责人。法院支持了公诉机关指控的事实，判决陈某滥用职权罪成立。

3. 项目代建制模式

过去我国政府投资项目管理体制长期沿用"投资、建设、管理、使用"四位一体的业主行政代理模式，该模式存在着非专业化和封闭垄断经营的缺陷，政府对项目过程控制乏力。2004年7月，我国政府提出代建制模式，对于使用政府性资金的非经营性项目，建设单位通过招标等方式选择专业化的项目管理机构（代建公司）负责建设实施。代建公司代表业主行使项目管理权限，分别与设计方、施工方、供应商等签订合同，完成项目建设任务。代建公司负责控制项目投资、质量和工期，竣工验收后移交给使用单位。代建制实际是国际上流行的项目管理承包（PMC）模式，只不过代建制应用范围限制在政府性投资的非经营性项目。

代建制是对传统项目管理模式的革新，具有多项优点：一是改进了建设项目实施方式，提高了政府投资项目的建设管理水平和投资效益，有利于深化投资体制改革；二是规范了政府投资行为，解决了以往建设项目责任主体不明、责任不清的问题，以合同形式界定出资者、建设管理者和使用者的责任、权利和义务；三是建立了约束和激励机制，从质量、工期、造价及安全等方面，对项目的预期目标实行有效约束和严格控制；四是建设投资使用不会偏离，项目建成投入使用后，形成资产能按时建账入库，防止长期耗费和流失；五是实施有效监督，遏制了规避招标、虚假招标和不规范招标，有利于预防和消除投资项目中的腐败行为，保证国有资金使用的有效性。

五、物流工程项目管理的特殊性

物流工程项目管理是指对物流工程项目的管理，是运用工程项目管理和物流与供应链管理的理论、方法和技术，通过对物流工程项目进行有效的计划、组织、实施及控制，实现物流工程项目目标的综合管理实践及过程。

物流工程项目管理既具有与一般项目管理相同的特点，也具有其自身的特殊性，其特殊性主要表现在以下4个方面。

1）队伍专业化。由于物流工程项目涉及范围广，除了项目技术的专业性内容外，在项目策划与设计过程中，还会用到经济、法律、商贸等方面的专业知识。因此，项目团队中不仅需要有经验丰富的项目管理人员，还需要有熟悉业务的技术人员及具备相关财务和法律知识的专业人士。"一专多能"的复合型人才是物流工程项目管理最需要的人才。为了物流工程项目的顺利开展，并能达到预期的目标，必须拥有专业的项目管理队伍，这是物流工程项目管理必不可少的人力资源基础。

2）需求个性化。物流工程项目一般都需要根据顾客的特殊要求进行设计和执行，因此物流工程项目要素的组成具有多样性，每一个物流工程项目都会遇到以前不曾遇到过的问题，需要专门设计项目管理的程序或方法，项目管理过程充满着挑战。

3）结束人为化。一般情况下，物流工程项目必须经过实践才能证明项目的效果，因此，界定物流工程项目是否结束较为困难。特别是在项目被执行过程中，项目组的成员以及外界环境条件已发生了较大的变化，或者项目组无论做任何努力，项目成功的希望也渺茫时，需要项目各参与方人为地界定项目结束的标志，以防止项目无休止地进行下去。

4）控制全程化。由于物流工程项目的结果存在着较大的不确定性，造成项目的投资风险较高。特别是有固定资产投入的物流中心、大型停车场、物流信息系统等项目，在追求物流高收益的同时，也伴随着项目失败的高风险。因此，需要加强项目的进度计划控制和监督，实现项目管理过程的全程控制，以保证项目按预定的目标推进。同时必须建立风险预警机制，当项目出现偏差时，及时提醒管理者，进行调整或结束此项目，以减少损失。

综上所述，物流工程项目管理的关键在于项目管理的各方本着友好合作的精神，从实际出发，从落实项目、完成项目的目标出发，结合具体物流工程项目的特点，认真落实项目管理的每一项要求，确保物流工程项目目标的顺利实现。

思考与训练

1. 什么是项目？项目有哪些特点？
2. 项目与运作有哪些区别？
3. 项目的生命周期分为哪几个阶段？每个阶段的管理重点是什么？
4. 项目管理具有哪些特点？
5. 项目管理包含哪些内容？
6. 工程项目管理分为哪几种模式？举例说明各种模式的优缺点。
7. 物流工程项目管理的特殊性体现在哪些方面？

单元二
物流工程项目可行性分析

引 例

神华鄂尔多斯煤制油项目是国家重点建设项目之一,设计产能为年产油品 500 万 t。一期工程设计年产油品 100 万 t,计划 2008 年 9 月建成投产,投资 100 亿元。由于建设过程中原材料价格上涨且技术不成熟,耗资可能超过 150 亿元。

煤制油技术中间试验过程中未出现技术困难,但工业化生产的规模比中间试验扩大了百倍以上,故在工程设计、工程建设和工艺流程上存在很多难点,需要很长时间的调试磨合。2008 年 4 月 29 日,主要设备调试完毕,开车试运行,在 50% 负荷运行状态下不到 7h 就发生了故障。同年 5 月 5 日,在排除部分设备缺陷和调整工艺之后,二次试运行约 100h 生产出了氢气,但同时也出现了平衡阀和蒸汽阀等部件异常的问题,原定 2008 年 9 月投产的目标没有实现。2010 年 8 月,经过 5000h 稳定运行,生产出柴油和石脑油 30 余万 t。技术专家说,煤炭中含有大量杂质和固体组分,靠氢气催化,最后生产出汽油,在固、液、气态共存的情况下,很难将所有生产环节调整到最佳状态,化学反应、设备控制和环境保护等各方面都有巨大挑战。在没有可参考的大型工业化装置和生产经验的情况下,必须付出极大的探索代价。

煤制油项目需要发电厂、水源、铁路等配套条件,需要投巨资购置环境维持设备、安全控制设备,项目面临很大的商业风险。煤制油项目投产后的生产经营成本主要是原材料成本,包括煤和水。神华集团用自己的煤矿给制油厂供煤,价格可以控制在 200 元/t 左右,尽管煤炭市场价格上涨到 600 元/t 左右。鄂尔多斯是干旱少雨的缺水地区,每生产 1t 油要耗费 10t 水,水价逐渐攀升给项目带来很大的成本压力。专家测算,如果石油价格保持在 50 美元/桶以上,项目投产后是赚钱的。煤制油是一个污染高、安全性能要求高、投入成本高的大型化工项目,从一开始就面临着沉重的环境成本压力。

物流工程项目的前期工作一般包括项目的需求识别与构思、项目选择的目的及意义、项目经济评价、项目不确定性分析、项目融资及可行性研究报告的编制等。优选的、符合实际的前期工作是项目成功的保证。

项目一 机会研究

学习目标：
1. 理解机会研究的含义。
2. 掌握物流工程项目建议书的内容并能够根据项目编制需求建议书。

一、机会研究的含义

机会研究是对各种投资机会和设想做出评估，经过分析后确定发展机会，形成明确的项目意向。"先评估论证，再决策是否上马"是项目决策的基本要求，错误的项目不仅会导致投资浪费，甚至会危及企业生存。机会研究的主要任务是提出投资方向和设想，找出可以投资的项目。项目投资者收集大量信息，经过比较分析，形成项目发展方向或投资领域，进一步调查研究和方案筛选后，将项目发展方向转变为项目建议。项目产生方式通常有以下几种：

1) 企业寻找项目机会，项目经过论证后决定实施。
2) 从外界引入项目，初步可行性研究完成后，项目提出者与投资者在详细研究后实施。
3) 项目提出者做完所有的论证工作，并引入风险投资，实施该项目。
4) 外部环境变化引发了一个项目。

不管项目从哪里来及由谁提出，前期都需要做大量的工作，在分析了机遇和条件以后，还需要进一步分析项目能够在多大程度上解决组织所面临的问题。例如，一个企业发现其资源利用率很低、管理头绪太多，准备启动 ERP 项目，面对这个项目意向，首先要分析当前问题的数量和严重程度，提出项目需求报告，初步界定项目范围，规定技术标准、质量要求、进度要求及其他重要的标准，供决策层判断是否需要建立 ERP 系统。从项目团队角度出发，一旦确定了相关问题和需求，并证实项目将会获得很大的收益，就可以开始准备项目建议书了。

二、物流工程项目建议书的基本内容

物流工程项目建议书的基本内容如图 2-1 所示。

扫码看视频

图 2-1 物流工程项目建议书的基本内容

通常，项目建议书由投资者或企业投资管理部门编写，也可以由项目承担者完成，如客户有实施 ERP 的想法，软件公司获悉后对客户进行调研和沟通，掌握客户的基本问题和需求、可以承受的投资额、涉及的业务领域、员工信息化水平等，为客户编写出项目建议书，供客户进一步决策使用。这种项目建议书包括的内容如图 2-2 所示。

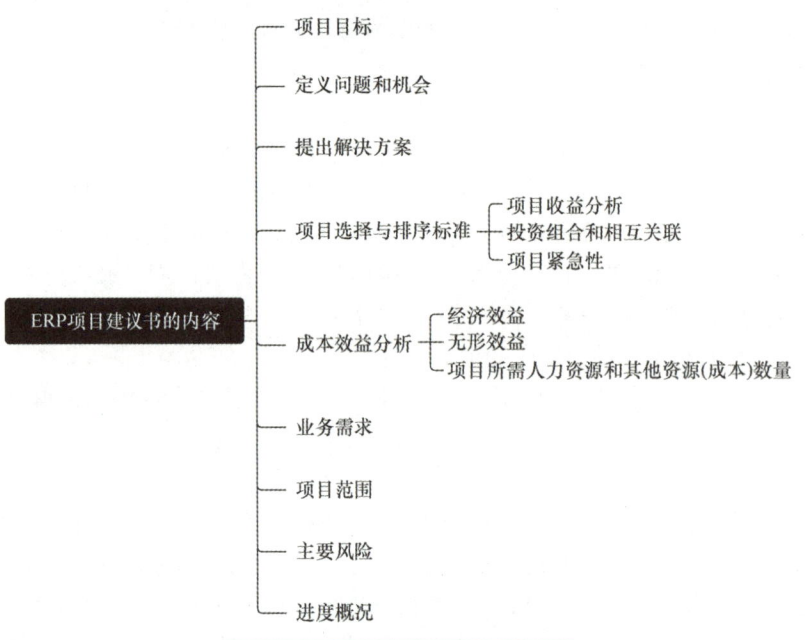

图 2-2　ERP 项目建议书的内容

【案例】物流园区方案设计的项目建议书

物流园区方案设计的项目建议书的主要内容见表 2-1。

表 2-1　物流园区方案设计的项目建议书的主要内容

项目	主要内容
项目总目标	完成包含一个铁路货运站在内的物流园区方案设计
工作表述	园区占地 500 亩（1 亩≈666.67m²），园区的货物铁路和公路年总吞吐量 500 万 t，主要货类为集装箱、笨重货物、散货和零担
目标规划	1）设计方案要符合现代物流的理念，建成以公路和铁路联运为特征的城市物流中心 2）园区的布置以仓储、集装箱堆场、物品加工厂等为主 3）将运输、仓储、流通加工、配送、信息处理等基本功能有机结合
提供资料	1）1∶12000 的物流园区规划地理位置图 1 份 2）1∶8000 的物流园区范围内城市道路规划图 1 份 3）1∶3000 的物流园区地形平面图 1 份
交付物	1）物流园区工程设计文件 1 册 2）物流园区管理与运作方案设计文件 1 册
付款方式	凡设计方案被选中者，将根据国家工程项目管理规定，按工程项目总造价的百分比支付。设计方案未被选中者，前期产生的费用原则上自理
进度要求	各参竞设计文件，务必于接到邀请函后 2 个月内送达××公司，截止日期为×年×月×日
未尽事宜	本项目设计最终方案需要通过评标最终确定。评标的方法按有关规定执行

项目二　项目选择

学习目标：
1. 理解项目选择需考虑的因素。
2. 掌握项目选择的评价模型。

企业在面对多份项目建议书时，应优先选择适合自身发展战略且市场需求旺盛的项目。项目选择就是通过设置一定数量的评价标准，从市场需求、技术条件、资源要求、法律限制等各个方面对项目建议书进行比较分析，选出在现有资源和技术条件下投资收益最优的一个或若干个项目。

项目选择方法有数学模型和非数学模型两种。数学模型中的输入一般是数值，这些数值可能是主观获得的，也可能是客观获得的。非数学模型所依据的信息不是数值而是其他信息。这两种方法没有必然的对错之分，如专家对问题的看法是主观的，但很大程度上是准确的；错误测量出的数值是定量的但是不正确的。项目选择过程中要综合分析定性和定量数据后再做出决策。

一、项目选择需考虑的因素

企业选择项目时必须考虑企业的战略目标。如果公司决定不惜代价增加销售额，那么有利于增加销售额的项目就会受到青睐，如实施分销管理系统；如果公司试图掌握行业技术优势，那么技术创新的项目就会脱颖而出。在进行项目审查和评估时，通常需要考虑的因素见表2-2。

表 2-2　项目选择需考虑的因素

序号	因素	内容
1	风险因素	技术风险、金融风险、安全风险、质量风险和法律风险等
2	商业因素	分析投资的预期回报、回收期、潜在市场份额、长期市场优势、初始现金费用、拓展新市场的能力
3	内部操作因素	发展/培训新雇员的需求、人员数量或结构的改变、物理环境的改变、由项目带来的生产和服务流程的变化
4	其他因素	专利保护、对企业形象的影响、符合组织战略等

二、项目选择的评价模型

1. 检查表模型

检查表模型是建立一个检查表或指标列表，每个指标划分出若干等级，对每个项目的各个指标分别选择等级，统计每个项目获得的等级情况，从而比较选出最好的项目。

【案例】恒亮公司的项目选择

恒亮公司是一家LED产品制造商，随着低碳环保概念深入人心，LED产品需求总体呈上升趋势。但由于项目投资较大，技术复杂，产品价格普遍偏高，目前的客户主要是组织客户，产品多应用于市政照明、场馆外景照明、公安消防等行业，家庭消费市场有待开发，特别是广大农村市场难以接受目前的价格。公司现有A（特种防爆灯）、B（路灯）、C（树灯）、D（射灯）四个新产品开发项目建议，公司设定了项目成本、潜在利润、投入市场时间、项目风险四项指标，每项指标设定高、中、低三个等级，由项目筛选小组进行评价和比较。评价结果见表2-3，综合比较各个项目得到高、中、低的数量，结论是首选项目B（路灯），其次是项目D（射灯）。

表2-3　恒亮公司的项目评价结果

项目	指标	高	中	低
项目A	项目成本	√		
	潜在利润			√
	投入市场时间		√	
	项目风险			√
项目B	项目成本	√		
	潜在利润	√		
	投入市场时间	√		
	项目风险		√	
项目C	项目成本	√		
	潜在利润		√	
	投入市场时间		√	
	项目风险			√
项目D	项目成本	√		
	潜在利润	√		
	投入市场时间		√	
	项目风险		√	

这种方法的优点是简单直观，可以快速地对大量项目进行筛选。一个缺点是评判标准主观性强，例如各个项目需要投入的成本是不同的，尽管四个项目的项目成本评价均为"高"，但它们之间肯定存在差异；另一个缺点是各个指标没有权重，无法体现项目目标的优先级，不能把项目与企业战略结合起来。

2. 评分法模型

评分法模型是为每个评价指标量化打分，在多个项目间横向比较得分结果，选出最优项目建议。为了使项目与企业战略目标保持一致，可以根据指标对企业的重要程度或客户的关注程度为每个指标赋予不同的权重，以体现出企业战略导向或客户导向。操作步骤如图2-3所示。

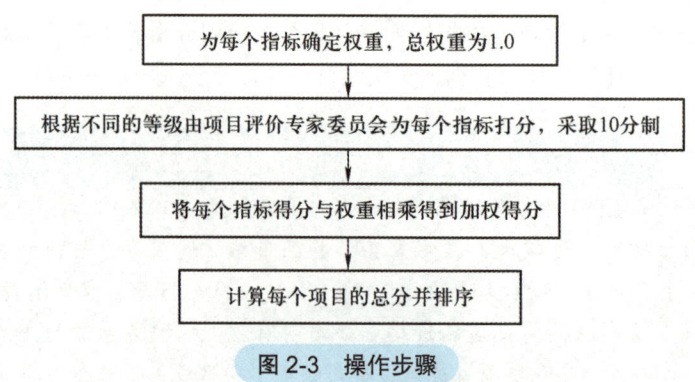

图2-3　操作步骤

在恒亮公司的案例中，假设公司较为重视利润和风险，各指标权重确定如下：项目成本为20%；潜在利润为30%；投入市场时间为20%；项目风险为30%。项目筛选的评分表见表2-4。

表2-4 项目筛选的评分表

项目	指标	权重	得分/分	加权得分/分
项目A	项目成本	20%	8	1.6
	潜在利润	30%	4	1.2
	投入市场时间	20%	4	0.8
	项目风险	30%	3	0.9
	总分			4.5
项目B	项目成本	20%	6	1.2
	潜在利润	30%	7	2.1
	投入市场时间	20%	5	1.0
	项目风险	30%	4	1.2
	总分			5.5
项目C	项目成本	20%	8	1.6
	潜在利润	30%	4	1.2
	投入市场时间	20%	4	0.8
	项目风险	30%	3	0.9
	总分			4.5
项目D	项目成本	20%	6	1.2
	潜在利润	30%	6	1.8
	投入市场时间	20%	5	1.0
	项目风险	30%	3	0.9
	总分			4.9

通过对比可以看出，项目B（路灯）得分最高。

项目三　项目可行性研究

学习目标：

1. 理解项目研究的必要性，掌握项目必要性的分析内容。
2. 理解项目市场研究的内容。
3. 理解项目技术评价的内容。
4. 理解项目建设条件的分析方法。

项目可行性研究是对与该项目相关的技术、经济、社会、环境等方面进行调查研究，对项目各种可能的拟建方案进行分析，研究项目在技术上的先进适用性、在经济上的合理有利性和建设上的可能性，对项目建成后的经济效益、社会效益、环境效益等进行预测和评价，提出该项目是否应该投资建设以及选择最佳投资建设方案等结论性意见，为项目投资决策提供依据。

一、项目必要性研究

由于项目主体的战略目标和资源条件不同，对项目必要性的判断结果可能不同，是否选择该项目与项目主体的主观意图有很大关系。在明确项目主体的基础上，可从以下几个方面对项目的必要性进行分析，见表2-5。

表2-5 项目必要性分析的内容

序号	内容	解析
1	项目主体的发展战略	由于资源的有限性，项目主体通常不会实施与自身发展战略无关的项目，项目必须符合项目主体的发展战略
2	项目产品的市场潜力	项目产品的市场潜力决定了项目建成后的收益，有效需求是项目必要性的依据
3	资源的有效利用	拟建项目如果能够充分利用现有资源、节约能源、实现资源的循环利用，项目投资就具有必要性
4	对国家及当地经济和社会的贡献	项目不仅要为本企业创造效益，还要对国家及当地经济和社会有积极贡献。项目应符合国家和地区经济发展规划及产业布局

【案例】亭口水库工程建设的必要性

咸阳市北部彬县、长武县境内的彬长矿区煤炭资源丰富，是国家规划的黄陇大型煤炭基地，也是鄂尔多斯盆地能源开发的重要组成部分。近年来彬长矿区开发速度加快，规划的煤电和煤化工项目陆续开始建设，矿区开发初具规模，但彬长矿区工业及两县县城生活用水缺口较大。拟建的亭口水库是为彬长矿区建设开发规划的骨干水源，已列入《咸阳市"十二五"农业发展规划》和《渭河流域重点治理规划》中。2009年5月中华人民共和国国家发展和改革委员会（简称"国家发改委"）批准该工程项目建议书（发改农经[2009]1347号），此工程建设对保障彬长矿区建设开发、改善当地城镇供水条件、促进地方经济和社会发展具有重大作用。

二、市场研究

市场研究的主要目的是通过市场调查与预测了解清楚项目产品的市场状况，包括市场容量、市场特征、需求量发展趋势、竞争程度、销售策略等。市场研究是解决项目必要性问题的关键，也是决定项目产品的生产规模、选择工艺技术和厂址等的重要基础。市场研究的内容如图2-4所示。

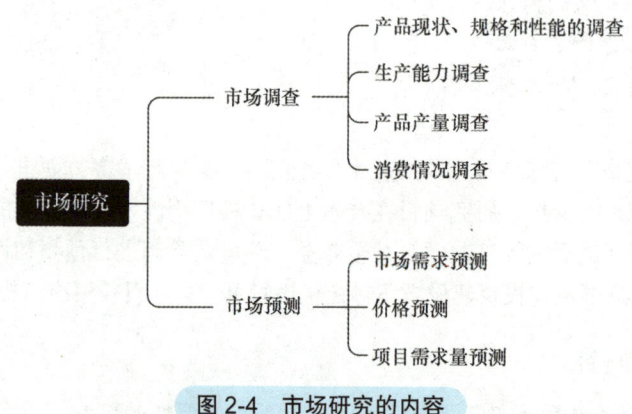

图2-4 市场研究的内容

三、技术评价

项目技术评价的对象是技术要素，如各种工艺图纸、计算公式、设备、厂房等。技术方案应适合当地的资源条件和环境因素，如对技术的接受和吸收能力，相应的生产协作条件，劳动力的素质、结构与数量以及地方环境保护的要求等。项目技术评价是从先进性、适用性、经济性、可靠性和符合国家技术标准等方面，对生产工艺、设备选型和工程设计方案进行分析和评价。表 2-6 列出了项目技术评价的内容。

表 2-6　项目技术评价的内容

序号	方案	分析内容
1	生产工艺方案评估	1）可靠性分析 2）产品质量保证程度分析 3）经济性分析 4）生产工艺对原材料的适应性分析 5）生产工艺流程的均衡性分析
2	设备选型方案评估	1）确定设备生产能力 2）主要设备选型，列出主要设备方案清单，标明所用设备的类型、规格和数量 3）编制设备投资费用估算表 4）测算主要设备负荷均衡情况
3	工程设计方案评估	1）项目总平面布置方案评价 2）土建工程设计方案论证
4	施工组织设计的分析与评估	1）施工方案分析 2）施工顺序分析 3）施工进度分析 4）材料供应计划分析

四、项目建设条件

项目的建设条件如下：

1）资源需求。分析拟开发资源的可利用量、自然品质、储存条件和开发价值。

2）工程地质。根据地质勘察报告，选择合理的地质环境，避开地震强度大、断层严重、流沙等地段，以达到延长项目使用寿命的目的。

3）原材料、燃料条件。原材料供应数量应满足项目生产能力的要求，质量要满足生产工艺的要求，并考虑材料储存设施的建设。

4）电力条件。分析项目所在地区电网对项目用电的保证程度，研究供电方式、供电质量与安全、项目的总用电量及保证程度。

5）供水条件。供水数量和质量符合环保及工艺要求。

6）交通运输条件。研究生产区内外的运输方式和运输设备，装卸、运输和储存等能力要满足项目需要，同时考虑各种运输方式的协调和经济上的合理性。

7）协作条件。研究在设备维修、公用工程、交通运输、仓储等方面与所在城镇或相邻企业协作的可能性。在商业、服务、教育、消防、安全等方面能够利用当地现有的条件。

8）安全防护条件。易燃、易爆、有毒产品的生产地点应远离城镇居民区。

9）对排污的要求。厂址的方位和地形要有利于污染物的排放和扩散。

五、项目选址

项目选址是指在一定范围内选择拟建项目的地点和区域，并确定项目的坐落位置。项目选址应符合区域和城镇总体规划及项目投产后生产的基本要求。项目选址受厂址条件和环境、地方财税政策、土地价格、材料资源、市场及运输、项目自身特点等多个因素的影响。原料消耗多且产品运输不便的项目应靠近原料产地选址，如煤电厂；成品运输不便或损耗大的项目则应靠近消费市场选址；耗电量大的项目应选择在动力基地附近建设；技术密集型的项目应靠近科技中心建设，如光伏产业项目、通信项目应选在人才密集的城市。

项目四　项目经济评价

> **学习目标：**
> 1. 掌握现金流量的含义以及现金流量图的意义。
> 2. 掌握资金的等值计算方法。
> 3. 掌握资金净现值的计算方法。
> 4. 掌握项目静态投资回收期、动态投资回收期的计算方法。
> 5. 掌握投资收益率的计算方法，理解内部收益率和外部收益率。

财务评价是在国家现行财税制度和市场价格体系下，在确定的建设方案、投资估算和融资方案的基础上，分析预测项目的财务效益与费用，计算财务评价指标，考察拟建项目的盈利能力、偿债能力等，以此判断项目的财务可行性。

一、现金流量

1. 现金流量的含义

在项目经济分析中，经常把被评价的项目视为一个独立的经济系统，这个系统可以是一个企业，也可以是一个地区或一个部门。现金流量是指某一个系统在一定时期内流入和流出该系统的现金量。现金是指货币资本，包括纸币、硬币、汇票等。现金流量有正负之分。通常，对流入系统的资金收入叫现金流入量，简称为现金流入，为正现金流量；对流出系统的资金支出叫现金流出量，简称为现金流出，为负现金流量；某一时期内现金流入量与现金流出量的代数和叫作净现金流量。现金流入量、现金流出量和净现金流量统称为现金流量或现金流。现金流量包含两个要素，即现金活动的方向和现金活动量。

2. 现金流量图

为了评价项目的经济效益，常借助现金流量图或现金流量表进行分析。现金流量图是表示项目系统在整个寿命期内某个时间点的现金流入和现金流出状况的一种示意图，如图2-5所示。

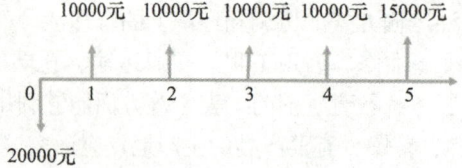

图2-5　现金流量图

对现金流量图需要作几点说明：

1）图中横轴是时间轴，向右延伸表示时间的延续。轴线等分成若干间隔，每一间隔代表一个时间单位（年、季、月、日）。时间轴上的点称为时点，时点通常表示该期的期末，同时也是下一期的期初。0点为第一期的始点。

2）箭头表示现金流动的方向，向下表示现金流出，向上表示现金流入。箭线的长短与收入或支出的大小基本成比例。

3）现金流量图与分析计算的立足点有关。对于同一方案的资金，借款人的收入就是贷款人的支出，因而分析计算时首先要确定立足点。

4）为方便计算，画现金流量图时约定，投资发生在期初，经营费用、营业收入均发生在各期期末，回收固定资产残值与回收流动资金则在项目寿命周期终了时发生。

二、资金的时间价值

1. 资金时间价值的概念

资金与时间的关系体现在资金的时间价值中。所谓资金的时间价值，是指资金在生产或流通领域不断运动，随时间的推移而产生的增值，或者说是资金在生产或流通领域的运动中随时间的变化而产生的资金价值的变化量。资金的时间价值可以从两方面来理解：

1）将资金用作某项投资，由资金的运动（流通→生产→流通）可获得一定的收益或利润，这就是资金的时间价值。

2）如果放弃资金的使用权力，相当于失去了收益的机会，或牺牲了现期消费，即相当于付出了一定的代价，这也是资金时间价值的体现。

2. 资金时间价值的衡量尺度

资金时间价值是以一定的经济活动所产生的增值或利润来表达的，因此，利息、利润是时间价值的体现，是衡量资金时间价值的绝对尺度。

利息是资金占有者转让使用权所取得的报酬，也是使用者所付出的代价。无论是个人还是企业，向银行贷款都要支付利息。同理，个人或企业向银行存款，银行也要支付利息。即使使用自有资金，不需要向别人支付利息，但失去了将这笔资金存入银行或贷款给别人投资而获得利息的机会，这种机会的损失也就是使用自有资金的代价。

利润是资金投入生产流通领域直接获取的增值，也是衡量资金时间价值的尺度。衡量资金时间价值除可用绝对尺度外，也可用相对尺度。通常把银行储蓄或债务资本支付中，单位时间的利息额与本金的比例称为利率，而把单位时间内直接投资生产、流通中所获得的利润额与投资额的比值称为资金利润率或投资收益率，在技术经济学中可把资金增值的利息、利润统称为收益。因此，利润率、利率也可用收益率来统称，它们是衡量资金时间价值的相对尺度。

三、资金时间价值的计算方法

计算利息的时间单位称为计息周期，计息周期有年、季、月、周、日，在技术经济分析中计息周期多采用年。计算资金时间价值的基本方法有单利法和复利法两种。

1. 单利法

单利法是指仅以本金计算利息的方法，即在下期计算利息时不把已产生的利息作为本金计算利息，也就是说利息不再计息。按单利计息方式，利息和占用资金的时间、本金量成正比例关系，比例系数即利率。本金在资金占用期所产生的总利息即为本金在资金占用期所产生的资金的时间价值。期末本利和的计算公式为：

$$F = P(1 + n \times i)$$

式中，F 为本利和；P 为本金；n 为计息周期数；i 为每个计息周期的利率。

【例题 1】借款 10000 元，借期 3 年，年利率 5%，按单利计息，第 3 年年末应还本利共多少？

解：$F = P(1 + n \times i) = 10000 \times (1 + 3 \times 5\%) = 11500$（元）

答：第 3 年年末应还本利共 11500 元。

单利法虽然考虑资金的时间价值，但仅以本金为基数在整个资金占用期的期末一次性计算利息，对以前已经产生的利息并没有转入计息基数而累计利息，即等于忽略了这笔资金的时间价值，没能完全反映出各期利息的时间价值，因此用单利法计算资金的时间价值是不完善的。

2. 复利法

复利法是用本金和前期累计利息之和为基数计算利息的方法。即除最初的本金要计算利息外，每一计息周期的利息都要并入本金，再生利息，俗称"利滚利"。复利法的本利和公式为：

$$F = P(1 + i)^n$$

式中，F 为本利和；P 为本金；i 为每个计息周期的利率；n 为计息周期数。

【例题 2】借款 10000 元，借期 3 年，年利率 5%，按复利计息，第 3 年年末应还本利共多少？

解：$F = P(1 + i)^n = 10000 \times (1 + 5\%)^3 = 11576.25$（元）

答：第 3 年年末应还本利共 11576.25 元。

从例题 1 和例题 2 中可以看出，同一笔借款，在计息周期和利率相同的情况下，用复利法计算出的利息金额比用单利法计算出的大。本金越大，利率越高，期限越长，两者差距就越大。

复利法由于考虑了利息的时间价值，即利息再生利息，比较符合资金在社会再生产过程中的实际情况，因此它是一种比较完善的计算方法。在技术经济分析中若不另外说明，均按复利法计算。我国基本建设投资借款以及国外资金借款都是按复利法计算的。

3. 资金等值计算

在资金时间价值的计算中，等值是一个十分重要的概念。由于资金具有时间价值，因此，等量资金所处的时点不同时，其价值一般不同；而不同时点的不等量资金，其价值可能是相同的。资金等值是指在考虑时间因素的情况下，一笔资金与不同时点绝对值不等的另一笔或一系列资金，按某一利率换算至某一相同时点时，可能具有相等的价值。例如，现在的 100 元与一年以后的 110 元绝对值不等，但如果年利率为 10%，则两者是等值的。因为现在的 100 元在一年后的本利和应该是本金 100 元与利息 10 元之和，即 110 元。同样，一年后的 110 元等于现在的 100 元。

影响资金等值的因素有 3 个：资金额、利率、资金发生的时间。3 个因素中任何一个因素的变化都将导致等值的变化，如现在的 100 元与一年后的 110 元只有在年利率为 10% 的情况下才等值，而利率是其中一个关键因素，一般等值计算中是以同一利率为依据的。

可以把某时点的资金按一定利率换算为与之等值的另一时点或另一序列时点的资金，反之亦然，这个换算过程即为资金的等值计算。

在技术经济分析中，为了考察投资项目的经济效果，必须对项目寿命期内不同时间发生的全部费用和收益进行计算和分析。在考虑资金时间价值的情况下，不同时间发生的收入或支出，其数值不能直接相加减，只能通过等值计算将它们换算到同一时点上，再进行分析。

将来值（用 F 表示）是指一笔或多笔资金按一定的利率计算若干年后所得到的本利和。公式如下：

$$F = P(1+i)^n \quad F = P(F/P, i, n)$$

现值（用 P 表示）是指未来资金的现在值。公式如下：

$$P = F(1+i)^{-n} \quad P = F(P/F, i, n)$$

将来值 F 和现值 P 的现金流量图如图 2-6 所示。

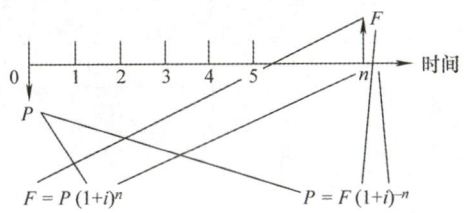

图 2-6　将来值 F 和现值 P 的现金流量图

【例题 3】某公司董事会经研究决定 6 年后用 150000 元购买一套设备，当前银行存款年利率为 5%。计算该公司现在需要一次存入银行多少钱才能在 6 年后购买该套设备？（保留整数）

解：$P = F(1+i)^{-n} = 150000 \times (1+5\%)^{-6} \approx 111940$（元）

答：该公司现在需要一次存入银行 111940 元。

四、经济效果评价指标

由于项目的复杂性，任何一种具体的评价指标都只能反映项目的某一方面或某些方面。为了对项目进行系统而全面的评价，往往需要采用多个评价指标。这些相互联系又相对独立的评价指标构成了项目的经济效果评价指标体系。如何根据项目的特点选用合适、有效的评价指标，进而建立恰当的经济效果评价指标体系，以辅助科学决策，是投资项目评价的核心内容。因此，必须了解各种经济效果评价指标的含义、特点及相互之间的关系。下面将介绍一些常用的重要评价指标。

扫码看视频

1. 净现值

净现值（Net Present Value，NPV）是指在考虑资金时间价值的前提下，将项目整个寿命周期内各年发生的现金流量按一定的贴现率贴现到同时点上（通常是期初）的现值之和，计算公式如下：

$$NPV(i) = \sum_{t=0}^{n}(CI_t - CO_t)(1+i)^{-t}$$

式中，NPV 为净现值；CI_t 为第 t 年的现金流入量；CO_t 为第 t 年的现金流出量；n 为项目寿命期（一般为年）；i 为基准贴现率（基准收益率）。

在每年的净现金流量相同的情况下，则有

$$NPV = -投资额 + 净现金流量 \times (P/A, i, n)$$

式中，$(P/A, i, n)$ 为等额系列现值因子。

若 NPV ≥ 0，则表明项目超过或达到了基准收益率标准，方案可行；若 NPV < 0，则表明项目不能达到基准收益率标准，可以考虑不接受该方案。

进行多方案择优时，首先要判断备选方案是否可行。若有多个方案可行，则须遵循净现值最大准则进行判断，即在投资资金充足的情况下，净现值越大的方案越优。

【例题 4】某厂拟投资一个项目，该项目各年的现金流量见表 2-7，若期望收益率为 10%，试用净现值指标判断该项目在经济上是否可行。

解：计算过程见表 2-7。

表 2-7 净现值计算表

年份	投资额/万元	收入/万元	支出/万元	净现金流量/万元	因数[1]	现值/万元
0	−300	0	0	−300	1	−300
1	0	250	150	100	0.9091	90.9
2	0	250	150	100	0.8264	82.6
3	0	250	150	100	0.7513	75.1
4	0	250	150	100	0.6830	68.3
5	0	250	150	100	0.6209	62.1
NPV/万元						79

① 因数的计算公式为 $(1+i)^{-t}$。

由公式算出 NPV = −300 + 100 × (P/A, 10%, 5) ≈ 79（万元）。

由于 NPV > 0，故该项目在经济效果上可以接受。说明该项目在整个寿命期内除保证 10% 的收益率外，还可以多收入 79 万元。

净现值指标的优点和缺点见表 2-8。

表 2-8 净现值指标的优点和缺点

优点	1）计算简便 2）计算结果稳定，不会因为计算方法的不同而带来任何差异 3）比较直观，直接以货币金额表示项目投资收益 4）考虑了资金的时间价值以及项目在整个寿命期内的费用和收益情况
缺点	在方案择优时，不能简单地选择净现值最优的方案为最优方案，因为初始投资额也是非常重要的考虑因素

2. 投资回收期

投资回收期又称投资返本期，是反映项目投资回收速度的重要指标，它是指以项目的净收益抵偿其全部投资所需要的时间，通常以年表示。根据是否考虑资金的时间价值，投资回收期可以分为静态投资回收期 T_p 和动态投资回收期 T_d。

1）静态投资回收期。T_p 表示累计净现金流量等于 0 的时点。

$$\sum_{t=0}^{T_p} \text{NCF}_t = \sum_{t=0}^{T_p}(CI_t - CO_t) = 0$$

式中，NCF_t 为净现金流量。

但时点往往不是一个自然年份，因此在实际工作中，一般根据现金流量表，按照下面的公式进行计算。

$$T_p = 累计净现金流量开始出现正值的年份数 - 1 + \frac{上年累计净现金流量的绝对值}{当年净现金流量}$$

2）动态投资回收期。静态投资回收期因未考虑资金的时间价值，难以正确地辨别项目的优劣，它相对应的改进指标则是动态投资回收期。动态投资回收期指用项目各年收益的现值来回收其全部投资的现值所需要的时间。假设资金的折现率为 i，T_d 定义为：

$$\sum_{t=0}^{T_d} (CI_t - CO_t)(1+i)^{-t} = 0$$

在实际工作中，一般根据现金流量表，按照下面的公式进行计算：

$$T_d = 净现金流量折现累计值开始出现正值的年份数 - 1 + \frac{上年净现金流量折现累计的绝对值}{当年净现金流量折现值}$$

对于所投资的项目，投资回收期越短，经济效果就越好。若部门或行业确定的基准投资回收期为 T_c，则项目判别标准为当 $(T_p) T_d \leq T_c$ 时，可以考虑接受该项目；当 $(T_p) T_d > T_c$ 时，则考虑拒绝该项目。

【例题 5】某物流项目的投资为 140 万元，准备分 3 年投入（表 2-9），投产后每年都有净利润产生，项目计算（寿命）期为 8 年。试求项目的投资回收期，并且判断项目的有利性（折现率取 15%，基准投资回收期取 6 年）。

解：根据题意，计算得项目现金流量表，见表 2-9。

表 2-9 项目现金流量表

年份	0	1	2	3	4	5	6	7	8
净现金 / 万元	-80	-40	-20	30	40	45	60	70	90
累计净现金 / 万元	-80	-120	-140	-110	-70	-25	35	105	195
净现值 / 万元	-80	-35	-15	20	23	22	26	26	29
累计净现值 / 万元	-80	-115	-130	-110	-87	-65	-39	-13	16

由公式计算得：

静态投资回收期 $T_p = 6 - 1 + |-25|/60 \approx 5.4$（年）

动态投资回收期 $T_d = 8 - 1 + |-13|/29 \approx 7.4$（年）

该项目的基准投资回收期是 6 年，动态投资回收期约为 7.4 年，大于基准投资回收期。单纯依据此指标，应该拒绝该项目。

投资回收期指标的优点和缺点见表 2-10。

表 2-10 投资回收期指标的优点和缺点

优点	计算简单，使用方便，能反映项目的风险性。因为一般而言，时间越长，现金流量越难以正确估计，其收益也更难以保证。项目的回收期越短，说明该项目的投资回收越快，项目的风险性将越小
缺点	没有考虑资金的时间价值；没有考虑项目投资回收期后发生的现金流量，无法反映项目在整个寿命期内的经济效果。因此用该指标进行计算，对短期收益大的项目更有利，这是用其进行多方案评价时必须注意的问题

总之，投资回收期作为反映项目投资回收能力的重要指标，有其特有的优点，比较适于在技术经济数据不完备和不精确的项目初选阶段使用，被广泛用于项目评价工作中；又由于该指

标兼顾了方案的经济性和风险性,在某类型的方案评价中具有特别之处(如投资者由于资金紧张、产品周期短、市场变化快等原因而希望早日收回投资)。但是必须注意的是,该指标仅适用于项目的可行性判断,多作为反映项目风险状况的辅助性指标使用,不能用来对多方案进行择优评价。

3. 投资收益率

投资收益率是指项目达到设计生产能力后在正常生产年份的净收益与投资总额的比率。由于分析目的不同,投资收益率在具体应用中有许多不同的表达方式,其中在项目评价中最为常用的是投资利润率(也称为投资效果系数)。投资利润率的含义是单位投资所能获得的年净利,其计算公式为:

$$E = P/I$$

式中,E 为投资利润率;P 为正常生产年份的年利润或年均利润(对生产期内各年利润变化较大的项目而言);I 为总投资额。

若 E_b 为标准投资利润率,则当 $E \geq E_b$ 时投资方案可行。

在实际应用中,可根据需要对公式计算采用不同的取值口径,以用于不同的分析目的,因而投资收益率往往还呈现出以下不同的表示形式:

投资利税率 =(年利润 + 税金)/ 全部投资额

资本金利润率 = 年利润 / 资本金

全部投资收益率 =(年利润 + 折旧与摊销 + 利息支出)/ 全部投资额

权益投资收益率 =(年利润 + 折旧与摊销)/ 权益投资额

【例题6】某物流项目总投资100万元,预计正常生产年份年收入30万元,年支出为8万元。若标准投资利润率 E_b 为15%,该项目是否可行?

解:$E = \dfrac{P}{I} = \dfrac{30-8}{100} \times 100\% = 22\%$

由于22%>15%,故该项目可行。

投资收益率指标的优点和缺点见表2-11。

表2-11 投资收益率指标的优点和缺点

优点	1)该指标与国家统计资料和企业有关财务资料较为对口,计算简单方便 2)该指标的基准容易确定,实际可操作性强,可以选取银行利率、企业利税率等作为标准投资利润率
缺点	投资收益率指标没有反映资金的时间价值,不能体现早期收益比后期收益的优越性

4. 内部收益率

内部收益率是使项目在整个寿命期产生的净现值为0的贴现率,一般用 IRR 表示。它是项目经济评价最重要的指标之一。

对常规项目而言,所取的贴现率越大,项目的净现值就越小。而我们用净现值指标的评价标准是项目净现值不小于0。因此,内部收益率可以理解为使项目净现值指标可行的最大贴现率。也就是说,以项目在整个寿命期所产生的现金流入完全抵补其现金流出,平均每年还产生内部收益率的收益水平。内部收益率可由以下公式算出:

$$\sum_{t=1}^{n} \dfrac{NCF_t}{(1+IRR)^t} - C = 0$$

式中,NCF_t 为第 t 年的净现金流量;IRR 为内部收益率;n 为项目使用年限;C 为初始投资额。

判别准则为先确定基准收益率 MARR，若 IRR ≥ MARR，则方案可行。

计算方法及步骤如下：

从 IRR 的计算公式可以看出，内部收益率的求解是对一元高次方程的求解，用代数法求解较为复杂，通常采用"试算内插法"求 IRR 的近似解。

第一步，初步估算 IRR 的值。先用一个贴现率 i_1 计算相应的 NPV(i_1)。若 NPV(i_1) > 0，则表明 IRR > i_1；相反，若 NPV(i_1) < 0，则说明 IRR < i_1。

第二步，观察所求得的 NPV 值，并反复试算，可得到两个较为接近的贴现率 i_m 和 i_n，且有 NPV(i_m) < 0，NPV(i_n) > 0，则 IRR 的值必定在两个贴现率之间。

第三步，用线性内插法求得 IRR 的近似值。计算公式为：

$$\text{IRR} = i_n + \frac{\text{NPV}(i_n)}{\text{NPV}(i_n) + |\text{NPV}(i_m)|} \times (i_m - i_n)$$

内部收益率指标的优点和缺点见表 2-12。

表 2-12　内部收益率指标的优点和缺点

优点	1）该指标可以作为有关部门监控行业经济效果的衡量标准 2）该指标能在一定程度上起到控制投资的作用
缺点	1）对非常规投资项目而言，内部收益率方程可能会出现多解或无解的情况，此时不能用内部收益率指标来评价方案 2）在对内部收益率的计算中采用了复利计算法，这就意味着项目寿命期内所获得的净收益可全部用于再投资，再投资的收益率等于项目的内部收益率。而现实投资中，出现这种情况的几率较小

【例题 7】某工程项目需投资 1000 万元，寿命期 20 年，1~20 年的净现金流量均为 110 万元。试计算该项目的内部收益率。若基准贴现率为 10%，判断项目是否可行？

解：（1）根据公式有 $-1000 + 110 \times (P/A, i, 20) = 0$。

（2）设 i_n = 9%，i_m = 10%，分别计算其净现值：

NPV$_n$ = $-1000 + 110 \times (P/A, 9\%, 20) = -1000 + 110 \times 9.1285 = 4.135$（万元）

NPV$_m$ = $-1000 + 110 \times (P/A, 10\%, 20) = -1000 + 110 \times 8.5136 = -63.504$（万元）

（3）用内插法算出内部收益率 i：

$$i = 9\% + 4.135/(4.135 + 63.504) \times (10\% - 9\%) \approx 9.06\%$$

由于 9.06% < 10%，故该项目在经济效果上不可行。

5. 外部收益率

外部收益率可以说是对内部收益率的一种修正，一般用 ERR 表示。外部收益率在计算时与内部收益率一样假定建设项目在寿命期内所获得的净收益全部用于再投资，但不同的是其假定再投资的收益率等于基准收益率。其经济含义是在基准收益率的利率下，在建设项目寿命终了时，以每年的净收益率恰好把投资全部收回。

计算公式如下：

$$\sum_{i=1}^{n} I_t(F/P, \text{ERR}, t) = \sum_{i=1}^{n} R_t(F/P, \text{MARR}, t)$$

式中，I_t 为投资；R_t 为净收益；ERR 为外部收益率。

外部收益率法用于建设项目的经济效果评价时，也需要与基准收益率比较。其独立建设项目评判准则为：外部收益率大于或等于基准收益率时，建设项目可行；否则，建设项目不可行。

外部收益率法用于多个可行建设项目的优选与排序时，其评判准则为外部收益率越大，建设项目越优。

外部收益率指标具有以下特点：外部收益率属于相对性指标，因此只能判断项目是否可行，不能用来进行方案择优；在实际中应用不普遍，但对非常规项目的评价比内部收益率指标要好，因为它不会出现多解的情况，而且求解更为简便。

项目五 项目不确定性分析

学习目标：
1. 掌握盈亏平衡分析的方法，计算项目的盈亏平衡点。
2. 理解敏感性分析的方法。
3. 了解概率分析的方法。

项目经济评价中所采用的数据大部分是预测和估计的，存在着较大的不确定性，数据的变化会影响项目评价的结论，甚至导致项目决策失误。不确定性分析就是对影响项目投资效益变化的不确定性因素进行分析，以判断项目可能存在的风险，分析项目在经济上的可靠性。项目不确定性分析的基本方法包括盈亏平衡分析和敏感性分析等。盈亏平衡分析只用于财务效益分析，敏感性分析可以同时用于国民经济效益分析。

一、盈亏平衡分析

盈亏平衡是指项目某年的收支相抵后利润为零、不盈不亏的状态，保本点就是盈亏平衡点（BEP）。盈亏平衡示意图如图 2-7 所示。通过计算达到盈亏平衡点的产销量或生产能力利用率，分析拟建项目成本与收益的平衡关系。盈亏平衡点通常是根据正常生产年份的产量、变动成本、固定成本、产品销售收入和税金等数据计算出来的，保本生产量越低，项目抗风险能力越强。

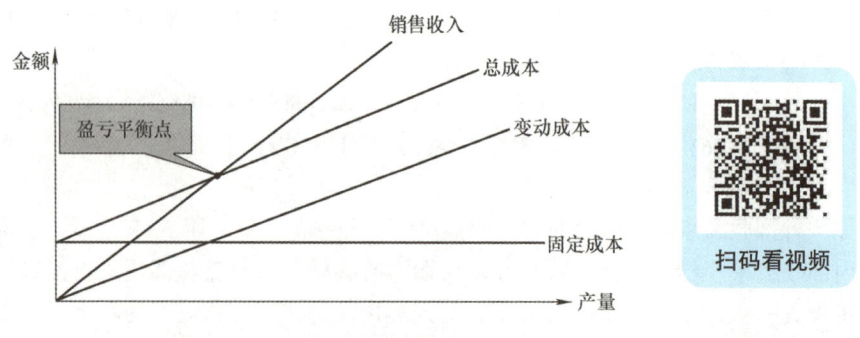

图 2-7 盈亏平衡示意图

用产量表示盈亏平衡点时，计算公式如下：

$$Q_{BEP} = \frac{F}{P - V - T}$$

式中，Q_{BEP} 为盈亏平衡点产销量；F 为年固定总成本；P 为产品单价；V 为单位产品变动成本；T 为税金与附加固定成本。

用生产能力利用率表示盈亏平衡点时，计算公式如下：

$$R_{BEP} = \frac{Q_{BEP}}{Q} \times 100\%$$

式中，R_{BEP} 为以生产能力利用率表示的盈亏平衡点；Q 为年生产能力。

从以上公式可以看出，固定成本越高，盈亏平衡点越高，企业收回投资的产量越高，项目风险越大。

【例题 8】 某制造公司进行生产线改造后，年产销量 10 万台，固定成本总额 150 万元。产品售价每台 80 元，单位变动成本每台 50 元，销售税率 4%。计算其保本点。

解：$Q_{BEP} = \dfrac{F}{P - V - T} = \dfrac{1500000}{80 - 50 - 80 \times 0.04} \approx 55970 (台)$

$R_{BEP} = \dfrac{Q_{BEP}}{Q} \times 100\% = \dfrac{55970}{100000} \times 100\% = 55.97\%$

即该企业的保本产量为 55970 台，保本生产能力利用率为 55.97%。

二、敏感性分析

敏感性分析是考察与项目有关的一个或多个主要因素发生变化时对项目经济效益指标影响程度的一种分析方法，其目的是对当外部条件发生不利变化时投资方案的承受能力做出判断。从理论上讲，所有评价效益的指标都可以作为敏感性分析指标，如产品销量、售价、折现率、投资额、汇率等。在实际工作中一般选择一种或若干种指标进行敏感性分析，机会研究阶段常用投资回收期指标，详细可行性研究阶段常采用内部收益率指标和净现值指标。

敏感性分析的过程是在确定分析指标和不确定因素的基础上，将设定的因素从确定性分析所采用的数值开始变动，且每次变动幅度相同，计算每次变动对评价指标的影响程度，比较变化大小即可找出最敏感的因素。

【例题 9】 对于某新建物流项目，计算财务内部收益率为 11.62%。把售价、经营费用和投资额 3 个因素设定为不确定因素，并分别按 ±10% 和 ±20% 变动，计算内部收益率的变化幅度，结果见表 2-13。可以看出财务内部收益率对售价变化最敏感，对经营费用和投资额的变化不太敏感。

表 2-13　不确定因素对财务内部收益率的影响

IRR 及其变化幅度	售价变动				经营费用变动				投资额变动			
	-20%	-10%	+10%	+20%	-20%	-10%	+10%	+20%	-20%	-10%	+10%	+20%
IRR	6.7%	9.3%	13.7%	15.6%	13.4%	12.5%	10.68%	9.7%	14.5%	12.9%	10.4%	9.4%
变化幅度	-4.92%	-2.32%	2.08%	3.98%	1.78%	0.88%	-0.94%	-1.92%	2.88%	1.28%	-1.22%	-2.22%

三、概率分析

敏感性分析只能指出项目评价指标对不确定性因素的敏感程度，但不能表明不确定性因素的变化发生的可能性的大小，以及在这种可能性下对评价指标的影响程度。因此，根据项目特点和实际需要，有条件时还应进行概率分析。通常把以客观统计数据为基础的概率称为客观概率，以人为预测和估计为基础的概率称为主观概率。确定主观概率时应十分慎重，否则会对分析结果产生影响。简单的概率分析是在根据经验设定各种情况发生的可能性（即概率）后，计算项目净现值的期望值及净现值大于或等于 0 时的累计概率。在方案比选中，则可只计算净现值的期望值。计算中应根据具体问题的特点选择适当的计算方法。

一般的计算步骤如下：

1）列出各种要考虑的不确定性因素（敏感要素）。

2）设想各种不确定性因素可能发生的情况，即其数值发生变化的几种情况。

3）分别确定每种情况出现的可能性（即概率），每种不确定性因素可能发生的概率之和必须等于1。

4）分别求出各可能发生事件的净现值、加权净现值，然后求出净现值的期望值。

5）求出净现值大于或等于0的累计概率。

概率分析是使用概率研究预测各种不确定性因素和风险因素的发生对项目评价指标影响的一种定量分析方法。一般是计算项目净现值的期望值及净现值大于或等于0时的累计概率，累计概率值越大，说明项目承担的风险越小；也可以通过模拟法测算项目评价指标（如内部收益率）的概率分布。

项目六　项目评估

学习目标：
1. 理解项目评估与项目可行性研究的区别。
2. 掌握项目评估的步骤。

项目评估是由专门机构（项目投资决策部门或项目贷款的决策机构）对项目可行性研究报告进行全面的审核和再评价工作，即对拟实施项目的必要性、可行性、合理性及效益、费用等进行的审核和评价。项目评估的主要工作是审核可行性研究报告中各项情况是否属实，分析各种参数、基础数据、定额费率的选择是否正确，综合分析项目的经济效益和社会效益，做出最终投资决策选择。

项目评估应回答3个问题：

1）该项目投资是否有必要？规模应该多大？

2）项目应采用何种工艺、设备、设计方案和技术方案？

3）项目的经济效益与社会效益如何？

项目可行性研究与项目评估的主要区别见表2-14。

表2-14　项目可行性研究与项目评估的主要区别

区别	项目可行性研究	项目评估
目的和任务不同	项目可行性研究是复杂的技术经济工作，需要有较多的专业人员参加，经历时间较长，有时会超过1年或者更久，但它不能为项目投资决策提供最终依据	项目评估则是项目投资决策的必备条件，为决策者提供直接的、最终的依据。项目评估比项目可行性研究更具有权威性
承担主体不同	由项目的投资者或项目的主管部门主持，可以自行组织力量实施，也可以委托专业设计单位或咨询机构实施	一般是由项目投资的决策机构或项目贷款的决策机构主持和负责
研究视角和重点不同	侧重于考察项目的经济效益	贷款银行重点评估项目的经济效益及偿还能力；政府投资部门主持的项目评估侧重于项目的宏观影响和外部性
实施时间不同	处于项目选择与评价阶段	处于项目审批决策阶段

项目评估的程序一般分为5个步骤：

1）组建评估小组。简单项目可以指定专人负责评估；复杂项目必须成立专业的评估小组，小组内部分工明确，有步骤地开展工作。

2）制订评估计划。根据项目性质和特点，明确项目评估要解决的问题和达到的目标。根据不同决策者的要求明确项目评估的内容，确定评估方法，制订项目评估的时间进度。

3）收集项目评估资料。项目评估所需要的资料的主要来源有两个：一是项目可行性研究报告，其中的数据需要核实；二是进一步收集数据和资料，对与评估对象有密切关系的单位和部门进行调查，收集有关项目产品的市场、工艺技术、设备选型、原材料供应、产品价格和成本等方面的资料。

4）审查分析。分析项目的基本情况，评价项目的技术可行性，评估项目规模和市场预测，预测和分析项目基础数据，进行经济效益评价和社会效益评价，进行项目风险评估。

5）编写项目评估报告。项目评估报告是向决策部门报告项目情况和评估结论的书面文件，是项目评估工作成果的集中表现，报告的质量是检验项目评估工作的重要标志。

思考与训练

1. 选择一个项目就要承担一定的风险，放弃一个项目就会与可能的机会失之交臂。选择项目时更多的是依赖决策者的第六感觉，还是依赖系统科学的工具？谈谈你的看法。

2. 某市劳动路南段距离体育新城很近，汇集了大量的餐馆和酒楼，人气很旺。几位投资者产生了投资一家粤菜酒楼的想法，目标客户群定位为商务人士及其他中高端消费者。项目是否可行他们没有把握，请帮助这几位投资者进行可行性分析。

3. 请根据本单元所学的内容，结合创新创业课程所学的知识，选择一个你认为前景不错的投资项目进行可行性分析。

扫码看视频

单元三
物流工程项目范围管理

引 例

京沪高速铁路是我国"四纵四横"铁路客运专线南北向主骨架，途经北京、天津、河北、山东、安徽、江苏、上海4省3市，正线全长1318km，设计时速350km，概算总投资2176.30亿元，2008年4月正式开工。铁道部所属京沪高速铁路股份有限公司（以下简称"京沪公司"）是项目建设单位，沿线各省市地方政府负责本省市境内的征地拆迁工作，征地拆迁费用作价入股京沪公司。截至2010年6月，全线累计提供永久用地63030亩，完成拆迁723.9万m^2，线下工程基本完工。累计完成投资1384亿元，占计划1633亿元的85%，其中工程投资1050亿元、征地拆迁投资334亿元。

审计发现的主要问题如下：

1）南京大胜关长江大桥工程土建及监理1标、京沪高速铁路咨询业务、南京南站应急工程土建及监理1标的招标时间分别为2006年7月、2007年12月、2008年12月，但中铁大桥局、中铁十三局、铁科院（北京）工程咨询有限公司等中标单位在此前的2006年3月、2006年2月、2008年3月就已分别进场开始工作，涉及合同金额44.46亿元。

2009年6月，铁道部工程设计鉴定中心发布准入铁路客站装修装饰和幕墙工程施工企业名录后，京沪公司在曲阜东、常州北等站房工程招标中与名录内中铁建工集团有限公司、中铁建设集团有限公司2家企业签订站房装修装饰工程合同6份，排斥了潜在投标人，涉及金额4.9亿元。

2）个别施工单位及个人转移挪用公款和建设资金1.87亿元及其他相关问题，涉嫌违法违纪。

3）中铁一局、三局、四局、八局、十一局、十二局、十三局、十七局、十八局、十九局、二十四局和北京建工集团、中建股份有限公司、中交第四公路工程局有限公司、中交路桥北方工程有限公司和山东电力工程咨询院等16家施工单位在砂石料采购、设备租赁等业务中，使用虚开、冒名或伪造的发票1297张入账，金额合计3.24亿元。如2008年3月至2010年7月，中铁十七局、十八局和十九局等施工单位对采购招标和发票审核工作不严，导致6名个体供应商以伪造工商营业执照等方式获取砂石料供应业务，又以伪造、代开发票386张入账，金额合计2.16亿元。

上述单位中，中铁一局、三局、四局、十二局、二十四局和中交第四公路工程局有限公司、中交路桥北方工程有限公司7家单位在2009年审计时就发现类似问题，2010年又查出虚假发票365张，金额5312.95万元。

4）京沪公司对尚未实施的工程办理工程款结算，涉及金频5608.07万元。其中：济南黄河大桥堤坝加固主体工程至审计时尚未实施，京沪公司与中铁一局及有关单位在2009年第四季度就按合同价款结算了全部工程款1230.66万元；上海封浜河河道改移工程2008年10月才开始施工，但京沪公司与中国交通建设股份有限公司及相关单位在当年第一、二季度就按合同价结算了工程款4377.41万元。

5）京沪公司未按合同约定扣回物资供应合同履约保证金5558.74万元。2007年12月至2010年6月，京沪公司组织签订的363份甲方供应物资采购合同中，有13份存在乙方未按合同履约的现象。这些合同的平均履约率为22%，最低履约率仅0.8%，京沪公司未按合同约定扣收其中11家中标商的履约保证金5558.74万元。

6）部分工程监理不到位。其中：上海虹桥站的监理单位上海天佑工程咨询有限公司和上海建科建设监理咨询有限公司，有37名监理人员职称或执业资格不符合投标承诺要求；北京赛瑞斯国际工程咨询有限公司在监理天津西站站房工程项目时，承诺派出监理人员中高级职称、中级职称、监理师（工程师）分别占47.4%、52.6%、84.7%，实际仅占15%、25%、40%；济南西站的监理单位山东济铁工程建设监理有限责任公司的9名监理人员，同时在两个标段承担监理工作；土建2标监理单位华铁工程咨询有限责任公司对部分施工单位进场设备未进行检验。

7）南京枢纽工程未按初步设计要求，将167万 m^3 弃土交给南京市统一处理，其中64万 m^3 被用于填放水塘和低洼地，19万 m^3 被填放于山间泥塘，其余被填放于山间洼地沟壑，影响了当地水土环境。此外，由于未按环境影响报告书批复要求及时完成穿越牛首祖堂风景区的景观设计，影响了韩府山隧道环保措施的实施。

实施一个项目之前必须先确定项目范围，项目范围是指项目可交付成果的总和，是为了完成具有特定功能的项目产品而必须开展的工作。简单地说，确定项目范围就是为项目确定一个界限，确定哪些工作是项目应该做的，哪些是不应该包括在项目之内的，从而定义项目管理的工作边界。项目范围是制订项目计划的基础，在执行过程中项目范围是项目评价的基本标准，项目结束时项目范围又成为项目总结及验收的重要依据，项目范围所描述的内容都应完成。

资料来源：《中华人民共和国审计署审计结果公告》，2011年第9号，2011年3月23日。

项目一 项目目标

学习目标：
1. 理解物流工程项目目标的含义与特点。
2. 掌握物流工程项目目标确定的原则。

一、物流工程项目目标的含义与特点

物流工程项目目标，即预期的结果或最终产品。目标必须明确界定并且要在执行项目的组织或承包商和客户之间达成一致意见。目标必须明确、可行、具体和可以度量。

物流工程项目的目标通常用工作范围、进度计划和成本来表示。例如，项目目标可能是"在 2 年内，在 8000 万元的预算内，完成一个物流园区的建设，并达到预先规定的性能指标"。

物流工程项目目标在项目开始就应是清楚而明确的。有时，项目目标随着项目进程需要有所改动。项目经理和客户必须对有关原有项目目标的所有改动达成一致意见，因为任何这样的变动都可能影响项目的工作范围、完工日期和最终成本。

物流工程项目目标具有如下特点：

1）多目标性。一般项目的目标不是单一的。项目是一个多目标的系统，且不同目标之间相互影响。要确定项目目标，就需要对项目的多个目标进行权衡。实施项目的过程就是多个目标协调的过程。这种协调包括项目在同一层次的多个目标之间的协调、项目总体目标与其他项目目标之间的协调、项目本身与组织总体目标的协调、不同层次之间项目目标的协调等。

项目无论大小、类型，其基本目标都表现为 3 个方面，即时间、成本和技术性能。所以，实施项目目标的目的就是要充分利用可获得的资源，使得项目在既定时间内，在一定的预算下，获得所期望的技术性能。

2）优先性。如上所述，项目是一个多目标的系统，因此，不同层次的目标，其重要性必不相同，往往被赋予不同的权重。有些项目对时间优先，有些项目对质量优先，也有些项目对成本优先，这种优先权重对项目经理的管理工作是指导性的，项目经理始终在这些权重的指导下安排资源、计划和控制。此外，不同的目标在项目生命周期的不同阶段，其权重也往往不同。

3）层次性。项目是由多个层次构成的，不同的层次有相应的目标，各个层次目标的集合构成项目总目标。对项目总目标的描述由抽象到具体，要有一定的层次性。通常最高层是总体目标，指明要解决问题的总依据和原动力；最下层目标是具体目标，指出解决问题的具体方针。上层目标是下层目标的目的，下层目标是上层目标的手段。目标的具体表达通常有 3 个层次，见表 3-1。

表 3-1 目标按层次分类

层次	目标	含义	主要内容
第一层	战略性目标	项目总体目标，也叫作项目的使命	说明为什么实施该项目及实施该项目的意义
第二层	策略性目标	项目的具体目标	说明该项目具体应该做什么，应该达到什么样的结果
第三层	项目实施计划	项目实施的具体计划	说明怎样操作，通常为计划安排，涉及日期、人员和资金的安排

要采用渐进的方式逐步实现目标，如果试图同时完成所有的项目目标，只会造成重复劳动，既浪费时间又浪费钱。项目目标只能一步一步地去实现，并且每实现一个目标就进行一次评估，确保整个项目能得以控制。

二、物流工程项目目标的确定原则与指标描述

1. 物流工程项目目标的确定原则

1）尽可能定量描述。物流工程项目目标与企业目标不同。企业目标有战略目标和策略目标。战略目标是规定企业未来发展方向，一般用描述性表达的方式，主要从定性的角度确定发展内涵，在实际运行过程中还需要将战略目标具体化。然而，物流工程项目是操作层面的内容，

项目管理的目标要有操作性、可度量性，并可用于最后的考核。

2）应使每一个项目成员都清楚项目目标。项目经理是重要角色，但不等于所有事情都由项目经理来做。项目需要全体成员的共同努力，要调动全员积极性，动员项目团队组成合力。必须要求每一个项目成员都清楚项目目标，这样有利于集中力量共同努力。

3）目标是客观现实的，不是理想化的。项目目标是一个激励，同时也是一种惩罚，达成目标将会得到奖赏，完不成目标就会受到惩罚。不切合实际的目标设计不能起到激励作用，也就失去了目标原本的作用。所以，确定目标时要深入实际进行调查、分析，借鉴同类项目的情况，确定的目标不能太理想化，也不能把目标定得太低。

4）目标描述尽可能简要。实现项目目标是一个复杂的过程，但是，目标本身不是一个复杂的系统。目标要用简要的语言或者数据指标描述，描述的时候要尽可能简明扼要。确定目标是为了考核，与绩效比较后才能明确目标什么时候实现。含糊其辞、模棱两可的目标规定将给考核工作带来难度，也容易产生纠纷。

2. 物流工程项目目标的指标描述

在项目实施的开始，项目经理最主要的任务是必须准确地界定项目的总目标，通过对总目标的分解便可得到项目实现的目标体系。也就是说，项目目标确定的结果应该是一个目标体系，它们分别涉及项目的时间、费用、技术与产品3个方面，每个方面都可能有一些具体的要求及对应的目标体系，这也体现了目标的层次性。

对目标的描述，应该包含以下几个问题：

1）数量有多少？
2）质量怎么样？
3）目标组或项目对象是谁？
4）什么时间开始？什么时间结束？
5）地点在哪里？

项目二　物流工程项目范围管理概述

学习目标：
1. 理解项目范围管理的含义和内容。
2. 掌握项目工作分解结构的准则和分解方法。
3. 理解项目范围变更的原因。

一、项目范围管理概述

物流工程项目范围是编制项目计划的基础，界定清晰的项目范围可使项目人员、资金、时间的分配更加合理。同时，项目范围明确了项目主要交付物的功能和特性，这将成为评价项目是否成功的主要依据。要对那些执行出现失误或超过项目范围的任务及时修正，保证项目在预定的轨道上运行。

项目范围如果定义不清楚，将会使得计划与控制极为困难。资深项目管理学教授埃里克·拉森调研了北美地区1400位项目经理，他发现项目中出现的计划方面的问题，有一半与项目范围定义不清楚有关。严重情况下，可能导致项目失败。

项目范围定义的主要输出结果是项目范围说明书,它详细描述了项目的可交付成果以及为完成这些可交付成果而必须开展的工作。项目范围说明书是对项目章程中关于项目总体范围描述的初步细化,通过定义项目范围使所有项目干系人对项目边界达成共识,为后续各项决策以及进一步编制详细的进度、成本和质量计划等奠定基础,并可在执行过程中指导项目团队的工作,也是评价变更请求是否超出项目边界的基准。

项目范围说明书的详细程度决定了项目管理人员控制整个项目范围的有效程度。详细的项目范围说明书应包括的内容见表3-2。

表3-2 项目范围说明书应包括的内容

序号	内容	说明
1	产品范围描述	初步细化项目章程中描述的产品、服务或成果,详细说明它们应具备的功能特性
2	项目产品验收标准	定义已完成的产品、服务或成果的验收过程与标准
3	项目工作范围	确定项目要完成的工作
4	项目可交付成果	包括组成项目产品或服务的各种成果,也包括各种辅助成果,如管理报告和文件,对可交付成果的描述可详可简
5	项目除外责任	指出哪些不属于项目范围,有助于管理干系人的期望
6	项目制约因素	列出并说明与项目范围有关且限制项目团队选择的制约因素,如确定的预算、强制性日期、合同条款等
7	主要假设条件	列出假设为真实的前提条件,以防万一不成立而造成不良后果

二、工作分解结构

工作分解结构(Work Breakdown Structure, WBS)是进行项目活动分解的专门工具。创建工作分解结构是把某些可交付成果和项目工作分解成较小的、更易于管理的组成部分的过程。工作分解结构是以可交付成果为导向的工作层级分解,其分解对象是项目团队为实现项目目标、提交所需可交付成果而实施的工作,每下降一层就意味着对项目工作更详细的定义。工作分解结构定义了项目的总范围,代表着项目范围说明书所规定的工作,如工作产品或可交付成果。

扫码看视频

工作分解结构的创建过程是,项目最终交付物确定后,首先分解为若干主要交付物,接下来逐级划分为更低级的交付物,依此类推,一直分解到工作和可交付成果被定义到工作包层级。最低级交付物是现实中不能再分的交付物,如一个具有一定功能的独立小零件,如果再分开就不能成为一个完整的交付物。最低级交付物的认识因人而异,不同的项目经理分解出的结果可能存在差异。可交付成果可以分解到不同的层级,某些只需分解一层即可达到工作包层级。工作分解得越细致,对规划、管理和控制越有效,但过细的分解会造成资源浪费,所以,不是所有的可交付物都要分解到最低级交付物,分解的层级以满足项目管理需要为准,如果交付物负责人能够有效地进行管理,就可以不再分解了。

如图3-1所示是某工厂建设项目的工作分解结构图。第1层明确了项目目标和交付的最终结果,是高层领导关注的对象。第2层将项目分为两个主要交付物,即工厂设计和工厂建造。第3层~第5层进行了更细致的分解。

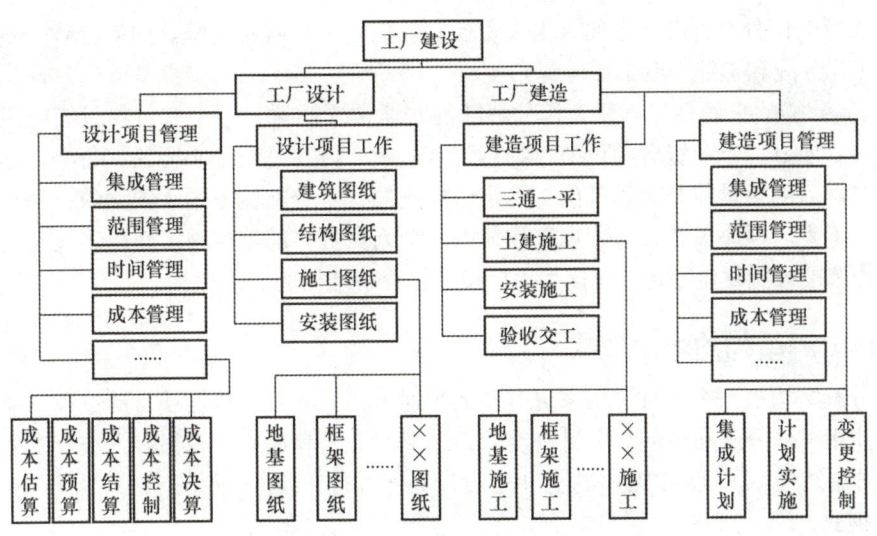

图 3-1 某工厂建设项目的工作分解结构图

制定工作分解结构是一项富有挑战性的复杂工作，项目经理和成员要反复探索，既需要丰富的项目经验，也要精通项目产品的专业技术。在大型项目中，项目经理和核心成员负责创建前两个层级，每一项主要交付物的负责人或具体执行人进一步分解出更低的层级，直至列出工作包。分级负责编制方法能得到准确的工作分解结构，也能鼓励项目成员为项目作出更多贡献。

创建项目工作分解结构的步骤如下：

1）先明确并识别出项目的各主要组成部分，即明确项目的主要可交付成果。

2）确定每个可交付成果的详细程度是否已经足以编制恰当的成本和历时估算。"恰当"的含义可能会随着项目的进程而发生一定的变化，因为对将来产生的一项可交付成果进行精确分解是不大可能的。

3）确定工作包。交付物需要通过一系列工作来实现，这些工作被称为工作包。工作包是短时间的任务，有确定的时间起点和终点，需消耗一定的资源和成本。每个工作包都应该是独立的，不能与其他工作包有交叉或从属关系，工作包也不能跨交付物。工作包是用以制订项目计划和项目控制的基本单位，每个项目都是由数量不一的工作包构成的，所有工作包都完成时项目也就结束了。交付物与工作包有时容易混淆。交付物一般是两个以上的工作包的产出，且没有自身的时间长度，不直接消耗资源，它需要的时间和成本是所属工作包的时间和成本的总和。

工作包的详细程度因项目大小与复杂程度而异。为了便于进行项目时间管理，工作包时间长度要合理确定，通常遵循3个原则：

一是 8/80 原则。通常完成一项工作所需的时间为 8~80h，这就要求工作包控制在 1~10 个工作日，当然这不是严格的限制。

二是报告期原则。如果每周召开一次状态分析会，那么所有工作的时间都不应超过一周。这个原则很有用，即当报告进度状态时，不用再去了解那些只完成了 30%、55% 或 76% 的工作状态。

三是有用原则。是否把一项工作细分有 3 个前提。一是工作容易估算。小型工作不确定性少，估算更准确。二是工作容易分配。小型工作分配给更少的人，在安排工作时间资源方面灵活性大；大型工作分给许多人会使人失去责任心。三是工作容易追踪。如果分解一项工作后不容易进行工作分配和追踪，就不要分解它。

4）核实分解的正确性。创建工作分解结构时通常要注意：一个交付物只能出现在工作分解结构的一个地方；下一级各项可交付物对于上一级交付物是充分必要的；每个活动都被清楚地定义；分解后的活动应是可管理的、可定量检查的、可分配任务的、独立的；活动表示工作间的联系，不表示顺序关系；每一项工作只由一个人负责，即使这项工作由多人来完成；大型项目的工作范围可能发生变化，应该尽力保持工作分解结构的灵活性。

三、工作分解结构的表示形式

工作分解结构是一个工具，用来更方便地沟通工作，并参与执行项目的过程。项目经理和项目团队使用工作分解结构制订项目进度计划、资源需求和成本。有很多方法可以呈现某个项目的工作分解结构。下面将以物流配送中心设计为例进行介绍。

1. 大纲式

大纲式工作分解结构（图 3-2）易于查看和理解工作分解结构的布局。它易于修改和使用，尤其是 Microsoft Word 中的自动编号功能会自动更新工作分解结构代码。

```
1. 物流配送中心设计
  1.1 作业功能设计
    1.1.1 作业流程
    1.1.2 区域功能
    1.1.3 作业功能
  1.2 设施与设备设计
    1.2.1 容器设备
    1.2.2 储存设备
    1.2.3 搬运设备
    1.2.4 订单拣选
    1.2.5 流通加工
    1.2.6 物流周边设备
  1.3 区域布局
    1.3.1 物流流线
    1.3.2 总体布局
    1.3.3 空间设计
  1.4 信息系统
    1.4.1 功能设计
    1.4.2 结构设计
```

图 3-2 大纲式工作分解结构

2. 分层结构式

分层结构式类似于大纲式，但没有缩进。格式虽然比较难读，但是适用于项目有很多层次的情况，见表 3-3。

表 3-3　分层结构式工作分解结构

层次	工作分解结构编码	内容
1	1	物流配送中心设计
2	1.1	作业功能设计
3	1.1.1	作业流程
3	1.1.2	区域功能
3	1.1.3	作业功能
2	1.2	设施与设备设计
3	1.2.1	容器设备
3	1.2.2	储存设备
3	1.2.3	搬运设备
3	1.2.4	订单拣选
3	1.2.5	流通加工
3	1.2.6	物流周边设备
2	1.3	区域布局
3	1.3.1	物流流线
3	1.3.2	总体布局
3	1.3.3	空间设计
2	1.4	信息系统
3	1.4.1	功能设计
3	1.4.2	结构设计

3. 表格式

表格式是工作分解结构的表格化，是目前项目经理使用最多的形式，见表 3-4。

表 3-4　表格式工作分解结构

第一层	第二层	第三层
1. 物流配送中心设计	1.1 作业功能设计	1.1.1 作业流程 1.1.2 区域功能 1.1.3 作业功能
	1.2 设施与设备设计	1.2.1 容器设备 1.2.2 储存设备 1.2.3 搬运设备 1.2.4 订单拣选 1.2.5 流通加工 1.2.6 物流周边设备
	1.3 区域布局	1.3.1 物流流线 1.3.2 总体布局 1.3.3 空间设计
	1.4 信息系统	1.4.1 功能设计 1.4.2 结构设计

4. 树形结构

树形结构是工作分解结构中比较容易理解的可视化图。本项目中的图 3-1 就是树形结构。

5. 工作分解结构词典

较大的项目具有许多工作块，对于最底层的工作块，要对它们有全面、详细和明确的文字说明，因此，常常把这些所有的工作块用文字说明汇集在一起，编成一个项目的工作分解结构词典，以便需要时查阅。工作分解结构词典是一套工作分解结构的单元说明书和手册，通常包括：项目的工作分解结构单元编号（编码）体系说明；按照顺序列出的单元标识；定义目标；说明单元计划发生的费用和完成的工作量；摘要叙述要完成的工作以及该单元与其他单元的关系。

四、控制范围

很少有项目是完全按照计划进行下去的，由于计划时的疏忽、新出现的机会或无法预见的风险，对最初计划或最终产品进行变更常是无法避免的。一般来说，项目越大越复杂，变更的次数就越多，包括产品修正、计划调整等，实际成本和工期离最初目标偏离越远，其破坏性越大。尤其是设计阶段完成后的变更，需要重做的工作很多，是范围与成本的重要威胁。项目变更往往会造成成本和工期增加、员工士气下降、项目经理与客户关系紧张。

项目范围变更通常有以下原因：

1）最初技术或人力计划错误。许多项目涉及复杂的技术研发，要考虑到所有的问题或技术障碍是不可能的。例如，青藏铁路格尔木至拉萨段曾经在20世纪50年代上马，但因为高原冻土等施工技术未解决，加上资源匮乏和缺氧环境下的施工问题被迫下马。经过多年的技术攻关，解决了冻土地带铁路施工技术障碍，2001年项目重新启动，经过艰苦奋斗，2006年项目取得成功。

2）客户需要的变更。客户由于业务变化或领导层更换，推翻原来的需求和解决方案，提出新的要求。

3）项目或环境具体情况发生变化。例如，石油公司在沙漠地区进行油气勘探，尽管项目方案制订得很详细，但进入沙漠后，现场给水、风速、沙尘等条件变化很大，施工方案必须进行适当调整。

4）政府法令、劳动合同、供应商等不可控的外部约束带来的变更。例如，政府对污水排放标准的提高将使得污水处理建设项目受到影响，原设计的污水处理指标如果达不到新标准，就必须进行设计方案的修改。

5）错误、疏忽、设计或预算的失误。在设计方案中没有的内容在实施过程中出现需求，或者原设计工作量较少的内容被要求增加工作量。

6）一些承包企业采用低价策略获得了项目合同，在施工过程中往往创造条件提出变更要求，通过变更获得利润。"低价中标，变更赚钱"已成为经常发生的现象。

项目范围是其他专项计划编制的基础，项目范围发生变更将引起其他计划的连锁调整，为项目目标带来威胁。因此，项目范围确定后应维护其严肃性，避免不合理的、任意的变更现象。特别是在实施项目的过程中，客户提出需求后，实施方不能简单拒绝或接纳，而应经过认真的评价，分析变更实施的技术难度以及对成本、进度等的影响，将信息反馈给客户，双方沟通做出决策。

项目三　物流工程项目采购管理

学习目标：

1. 掌握各种采购模式的优缺点。
2. 理解采购规划的含义并能够根据项目进行采购规划。
3. 掌握采购管理计划制订的方法。

项目采购是指项目组从外部采购所需产品服务或成果的过程,买方可称为客户、总承包商、承包商、采购组织、政府机构、服务需求者,卖方可称为承包商、分包商、服务提供商或供应商。如果采购的不是现货物资、商品或普通产品,卖方通常把采购作为一个项目来管理。工程建设项目采购比较复杂,包括工程、与工程有关的物资和服务3方面内容的采购,涉及采购金额大、持续时间长。

物资采购是指业主为获得货物通过招标的形式选择合格的供货商,它包含了货物的获得及其获取方式和过程。物资是实现项目基本功能不可或缺的设备和材料等,材料是构成项目的永久组成部分,设备可能不是一次性消耗品,有些设备在项目结束后还可以在其他项目上继续使用。所采购的物资应具有良好的品质、合理的价格并且能在合同规定时间内交货。工程项目需要大量的原材料和设备,而新产品研发项目或管理信息化项目的物资采购成本占项目总成本的比重较小。物资采购既要保证项目对物资的使用需求,又要控制库存,减少对资金的占用。

一、采购模式

在项目实施过程中,设备以及材料的采购模式主要有集中采购、分散采购和零星采购3种。集中采购模式需要成熟的采购人员和部门,制订合理的采购计划和采购进度,采购部门要与设计人员、施工人员沟通,通过设备选型、优化设计,达到节约投资的目的。在设计和采购阶段要系统考虑施工中容易出现的问题,减少出现问题的机会。各种采购模式的优缺点见表 3-5。

表 3-5　各种采购模式的优缺点

采购模式	优点	缺点
集中采购	可以产生规模效益,降低项目的成本投入	采购人员需要长期关注市场行情
分散采购	专业人员对物资设备的技术参数等较熟悉,采购的质量能够得到保障	部门众多,沟通协调困难,可能造成采购成本增加
零星采购	应对紧急情况下出现的采购或者小宗的采购任务、临时采购	琐碎、耗时、耗力

二、采购规划

采购规划是确定采购决策、明确采购方法和识别潜在卖方的过程,确定哪些项目需求通过外购来实现,哪些项目需求可由项目团队完成。如果决定外购,应确定是租赁还是购买。采购规划应确定采购什么、如何采购、采购多少、何时采购、对供应商资质有什么要求等。采购规划与进度规划密切相关,应把采购管理计划编制与进度计划制订、活动资源估算、自制 - 外购决策等整合起来。

自制 - 外购决策是决定在组织内部制作某些产品或服务,还是从外部购买的一种管理技术。采取自制还是外购决策应综合分析成本、进度计划和资源限制等因素。分析成本时应考虑全部直接和间接成本,如外购时既要考虑购买产品的实际支出,也要考虑采购过程和维护该产品所发生的间接成本。

自制决策应分析以下因素：自制成本更低；综合操作更容易；运用闲置的现有生产力；保证对项目的直接控制；需要保守设计与生产秘密；避免不可靠的供应商；稳定的现有劳动力。

外购决策应分析以下因素：外购成本更低；利用供应商的优势；要求较少（生产成本不要过高）；内部生产能力有限；保持多种来源（合格的卖主清单）；对项目间接控制。

三、采购管理计划

采购规划的输出结果主要是采购管理计划。采购管理计划用于描述如何管理从编制采购文件到合同收尾的各个采购过程，它是项目管理计划的一个组成部分。采购管理计划的内容包括拟采用的合同类型、风险管理事项、是否要编制独立预算及其是否作为评价标准、标准化的采购文件、如何管理多个供应商、如何协调采购工作与项目的其他工作、可能影响采购工作的制约因素和假设条件、如何进行自制或外购决策、如何规定合同可交付成果的进度日期、如何确定是否采取履约担保或保险等。采购管理计划的编写应充分考虑需求文件、范围基准、风险登记册、活动资源需求、项目进度、活动成本估算、成本绩效基准等信息。采购管理计划可以是正式的或非正式的，可以是非常详细或简略的，见表3-6。

表3-6　采购管理计划

项目名称：	准备日期：
1. 采购职权 描述项目经理的决策权和限制，包括预算、签字权限、合同变更、谈判等	
2. 角色和责任 （1）项目经理和团队的责任 （2）采购部门的责任	
3. 标准采购文件 列出所有标准采购表格、文件、政策或与采购相关的程序	
4. 合同类型 确定采用何种类型的合同及版本	
5. 约定与保证的需求 明确投标方必须满足的保证条件	
6. 选择标准 明确选择供应商或承包商的标准与权重	
7. 采购约束与假设 确定有哪些约束和假设并形成文档	

四、采购工作说明书

采购工作说明书详细地描述了采购的产品、服务或成果，包括规格、数量、质量、性能参数、履约期限、工作地点等内容，以便潜在的卖方判断他们是否有提供的能力。每次采购均要编写采购工作说明书，可以把多个产品或服务组合成一个采购包，由一个采购工作说明书来覆盖。在采购过程中根据需要对采购工作说明书进行修改，直到签订合同，采购工作说明书成为合同的一部分。

五、采购文件

采购文件是用于征求潜在卖方的建议书。不同类型的采购文件有不同的常用名称，如信息邀请书、投标邀请书、建议邀请书、报价邀请书、投标通知、谈判邀请书及卖方初始应答邀请书等。具体采购术语因行业或地点而异，如果主要依据价格来选择卖方，通常使用标书、投标或报价等术语；如果主要依据技术能力或技术方法等来选择卖方，通常使用建议书等术语。

采购文件应便于卖方做出准确完整的回答，还要便于对应答进行评价。采购文件中必须包括应答格式要求、采购工作说明书及所需的合同条款。采购文件的复杂和详细程度应与采购价值和风险大小相适应，既要保证卖方做出一致的应答，又要有足够的灵活性，允许卖方提出更好的建议。

项目四　物流工程项目招投标管理

学习目标：
1. 掌握招投标的基本方式。
2. 掌握招投标的过程。
3. 掌握招投标文件的内容并能够进行招投标文件的编写。
4. 掌握评标的方法。
5. 掌握招标过程控制的方法。

一、项目招投标的基本方式

项目招投标是通过在一定范围内公开购买信息，说明拟采购物品或项目的交易条件，邀请供应商或承包商在规定的期限内提出报价，经过比较分析后，按既定标准选择条件最优惠的投标人，并与其签订采购合同的一种采购方式。通过招标程序可以最大限度地吸引和扩大投标方之间的竞争，使招标方有可能以合理的价格采购到所需要的物资或服务。

扫码看视频

项目招投标是法律规定的主要项目采购方式。世界各国和国际组织的有关采购法律、规则规定了招标的基本方式，包括公开招标、邀请招标、议标 3 种，并规定了其使用条件和操作程序。

1. 公开招标

公开招标又称竞争性招标，由招标人在媒体上发布招标公告，吸引众多卖方参加投标竞争，招标人从中择优确定中标单位。按照招标面向的范围，分为国际竞争性招标和国内竞争性招标。

1）国际竞争性招标。国际竞争性招标指在世界范围内进行招标，招标者制作完整的英文标书，在国际上通过各种宣传媒介刊登招标公告，国内外合格的企业均可以投标。国际竞争性招标的优缺点见表 3-7。

表 3-7　国际竞争性招标的优缺点

优点	缺点
1）能以有利的价格采购到需要的设备和工程 2）能引进先进的设备、技术及管理经验 3）为投标人提供公平的投标机会 4）减少作弊的可能性	1）所需文件比较多，并要翻译成国际通用文字，工作量很大 2）招标过程花费的时间较长，可能持续半年甚至一年以上

2）国内竞争性招标。这类招标方式可用本国语言编写标书，在国内媒体上发布信息，公开出售标书。在国内采购货物或者工程可以大大节省时间，对项目的实施具有重要意义。

2. 邀请招标

邀请招标也称为有限竞争性招标或选择性招标，即招标单位不公开发布采购信息，而是以投标邀请书的方式，邀请特定的法人或其他组织投标。我国法律要求必须向3家以上的企业发出投标邀请书。由于投标人的数量有限，业主可以节约招标费用，提高了每个投标者的中标机会。

在国际上，邀请招标与公开招标的不同之处在于，它允许采购方不通过广告而直接向有限数目的供应商或承包商发出投标邀请。我国的邀请招标与国际上的略有不同，我国在使用限制性程序时仍要求使用广告。在使用限制性程序时，招标过程分为两个明显的阶段。第一阶段是投标申请。在通过资格预审接到竞争邀请后，申请人必须在规定时间内提出投标申请。签约机构经过审查并排除不符合技术规格要求及不符合资格标准的申请人后，向候选人发出书面投标邀请和合同文本。第二阶段是正式投标。接到投标邀请的候选人必须在规定的截止日期前呈递标书。

由于邀请招标限制了充分的竞争，《中华人民共和国招标投标法实施条例》第八条规定，国有资金占控股或者主导地位的依法必须进行招标的项目，有下列情形之一的，可以邀请招标：技术复杂、有特殊要求或者受自然环境限制，只有少量潜在投标人可供选择；采用公开招标方式的费用占项目合同金额的比例过大。

3. 议标

议标也称为谈判招标，指通过采购者与供应商或承包商的谈判来确定中标者。议标允许采购者和供应商就报价进行一对一的谈判，一些小型建设项目采用议标方式比较灵活。对服务招标而言，由于服务价格难以公开确定，服务质量也需要通过谈判解决，采用议标方式是一种恰当的采购方式。在某些地方的土建工程招标中，有70%~80%采取议标的方式。议标通常有3种操作方式，见表3-8。

表3-8 议标的3种操作方式

序号	方式	内容
1	直接邀请议标	由招标人或其代理人直接邀请某一企业进行单独协商，达成协议后签订采购合同
2	比价议标	招标人将采购的有关要求送交选定的供应商或承包商，要求他们在约定的时间提出报价，招标单位经过比较，选择报价合理的卖方，就工期、造价、质量和付款条件等进行协商，达成一致意见后签订合同
3	方案竞赛议标	由招标人提出规划设计的基本要求和投资控制数额，提供可行性研究报告或设计任务书、场地平面图、有关场地条件和环境情况的说明，以及规划设计管理部门的有关规定等资料。参加竞争的单位提出规划或设计的初步方案，阐述方案的优点，提出主要人员配置、完成任务的时间和进度安排、总投资估算和设计等。招标人评选出优胜单位并与其签订合同，对落选的单位给予一定补偿

议标是通过谈判进行的，容易导致幕后操作和商业贿赂，绝大多数招投标方面的犯罪案件与采用议标方式有关。《中华人民共和国招标投标法》未将议标作为一种法定方式。

二、招投标过程

招投标的过程比较复杂，大型项目的招投标过程漫长，涉及人员和机构众多，但无论招投标项目规模的大小，一个完整的招投标过程大体分为6个阶段，基本流程如图3-3所示。

1. 策划阶段

在实施招标活动前必须做好策划工作，主要内容是明确招标的内容和目标，对招标采购的必要性和可行性、招标的方案、操作步骤、时间进度等进行研究，例如，采用公开招标还是邀请招标、自主招标还是委托招标代理机构、分为哪些步骤、每一步怎么进行等。策划方案提交招标主管机构或企业领导批准后，进入实际操作阶段。

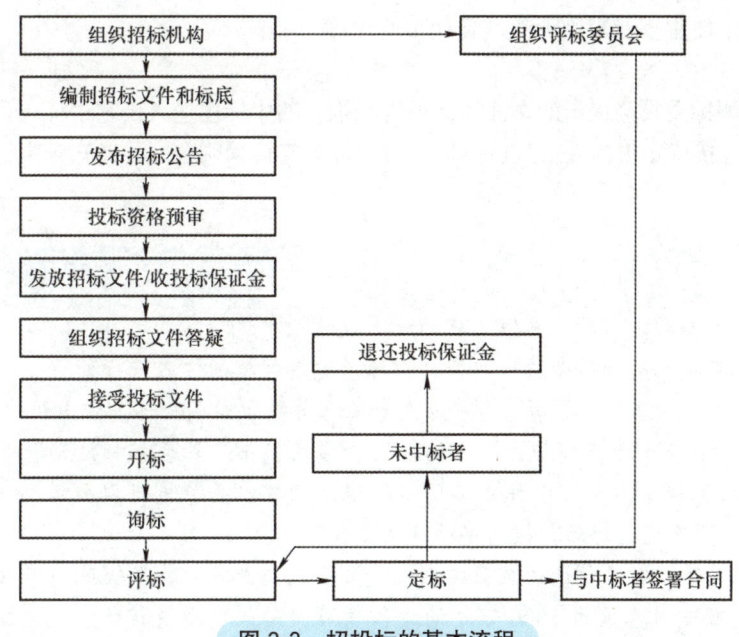

图 3-3 招投标的基本流程

2. 招标阶段

招标阶段的主要工作是组织专门人员撰写招标文件，确定招标书的拦标价、标底价，发售招标书。通常的做法是投标者购买标书，即投标者缴纳一定的保证金后才能得到标书。

3. 投标阶段

投标人在收到招标书以后，如果决定进入投标程序，则要组织力量编写投标书，提出合理的解决方案和投标报价。投标文件要在规定的时间内准备好，一份正本、若干份副本分别封装签章，送抵或邮寄到招标单位，招标方收到投标书后不得事先开封。

4. 开标

开标应按招标公告中规定的时间和地点公开进行，邀请投标商或其委派的代表参加。开标会开始后，投标人到达会场，待投标人检查投标书邮件签封完好后当面开封，当众宣读供应商名称、有无撤标情况、提交投标保证金的方式是否符合要求、投标价格及其他有价值的内容。

有些情况下，可以暂缓或推迟开标时间，如招标文件发售后对原招标文件做了变更或补充，开标前发现有足以影响采购公正性的违法或不正当行为，采购单位接到质疑或诉讼，出现突发事故，变更或取消采购计划等。

5. 评标

投标人根据事先抽签确定的陈述顺序，依次向评标委员会陈述投标书的主要内容，并接受评委的质询。陈述辩论环节结束后，投标者退出会场。评标委员会进行综合评比，按照招标文件确定的标准投票或打分，选出中标建议人选。

《中华人民共和国招标投标法》规定，评标委员会由招标人的代表和有关技术、经济等方面的专家组成，成员人数为 5 人以上单数，其中技术、经济等方面的专家不得少于成员总数的 2/3，与投标人有利害关系的人不得进入相关项目的评标委员会。为防止专家与投标人有串通行为，现在普遍采取数据库随机抽取专家的方式，在评标会开始前 2~4h，语音通知系统通知专家开标时间和地点，专家可以选择参加或不参加本次评标。这种做法虽然减少了专家与投标者串通的机会，但也使很多专家因无暇准备而不能出席。

6. 定标

招标人根据评标委员会提出的书面评标报告和推荐的中标候选人确定中标人。招标人也可以授权评标委员会直接确定中标人。最后招标人与中标方签订采购合同，通知未中标者并退还其投标保证金。

> **【案例】万科集团招标环节的成本控制**
>
> 1）除垄断性质的工程外，其他工程的施工或作业单位不得指定。
> 2）主体施工单位的选择必须采取公开招标或邀请招标的方式进行。
> 3）应组织设计、工程、预算、财务4大专业人员联合组成招标工作小组，就招标范围、招标内容、招标条件等进行详细、具体的策划，拟定标书，开展招标活动；对投标单位的资质、经济实力、技术力量、以往施工项目和施工管理水平等进行现场考察，提出书面考察意见；对投标情况进行评估，提出书面评估意见。
> 4）同等条件下，应尽量选择企业类别或工程类别高而收取费用较低的单位。
> 5）凡投资额超过人民币1000万元的工程项目，若采取邀请招标方式，应事后向集团总部提交有关招标、评标等工作的文字说明。
> 6）零星工程应当在两个以上的施工单位中，综合考察其技术力量、报价等进行选择。
> 7）垄断性质的工程项目（如水、电、气等）应尽力进行公关协调，最大程度降低造价。
> 8）施工合同谈判人员至少应包括工程、预算两方面的专业人员，合同条件必须符合招标条件，合同条款及内容概念应清晰，不得因工程紧而不签合同就开工。
> 9）应建立健全施工队伍档案，跟踪评估其资信、技术力量等。
> 10）出包工程严禁擅自转包。

三、招标的准备

1. 资格预审

大型或复杂的土建工程或成套设备招标前，要对供应商的资格和能力进行预先审查，通过资格预审缩小供应商的范围，避免不合格供应商的参与带来的无效劳动。资格预审从基本资格和专业资格两个方面进行。基本资格是指供应商的合法地位和信誉，专业资格是指供应商履行采购项目的能力，包括经验、业绩、信誉，为履行合同所配备的人员、机械、设备及施工方案等。

资格预审的过程可分为4个步骤：首先，编制资格预审文件，采购方组织人员编制资格预审文件或委托咨询机构协助编制，资格预审文件一般有统一规定的格式和内容；其次，邀请供应商参加资格预审，采购方发布资格预审通告，公布采购项目名称、采购（工程）规模、主要工程量、计划采购开始时间、交货日期、发售资格预审文件的时间、地点和售价及提交资格预审文件的最迟日期；第三，发售资格预审文件，接受供应商提交的资格预审申请；第四，按照资格预审文件中规定的标准和方法，审查提交资格预审申请的供应商资格，经审查合格的供应商才可以参加投标。

2. 准备招标文件

招标文件是整个招投标活动的核心文件，是招标方全部活动的依据。招标文件的内容有3个部分：一是关于编写和提交投标文件的规定；二是投标文件的评审标准和方法；三是采购合同的主要条款。其中，技术要求、投标报价要求和主要合同条款等是招标文件的实质性要求。具体来讲，招标文件一般至少应包括以下内容，见表3-9。

表3-9 招标文件的内容

序号	内容	内容简介
1	招标公告	说明招标书编号、投标截止时间、投标地点、联系电话、电子邮件等
2	投标须知	包括资金来源、投标商的资格要求、货物原产地要求、招标文件和投标文件的澄清程序、投标文件的内容要求、投标语言、投标价格和货币规定、修改和撤销投标的规定、标书格式和投标保证金的要求、评标的标准和程序、国内优惠的规定、投标程序、投标有效期、投标截止日期、开标的时间和地点等
3	合同条款	包括任务明细组成、货币价格条款、支付方式、运输方式、运费、税费处理等约定
4	技术规格	技术规格是拟采购货物、设备的性能和标准。技术规格和功能需求文件的编制工作是招标文件的核心内容之一
5	投标书的编制要求	包括投标文件构成、投标保证金、总投标价和投标书的有效期等
6	供货一览表、报价表	包括采购商品品名、数量、交货时间和地点等

3. 发布招标邀请书

招标邀请书的内容因项目而异，一般应包括：采购者的名称和地址；资金来源；采购内容简介，包括采购货物名称、数量及交货地点，工程或服务的性质和提供地点等；要求供应货物的时间、工程竣工或提供服务的时间；获取招标文件的办法和地点；提交投标书的地点和截止日期；投标保证金的要求和支付方式；开标日期、时间和地点。

如果有资格预审程序，招标文件可以直接发售给通过资格预审的供应商。如果没有资格预审程序，招标文件可发售给任何对招标公告做出反应的供应商。

【案例】某物流中心宿舍配套环境工程项目竞争性磋商邀请公告

某物流中心宿舍配套环境工程项目的政府采购计划编号为湘财采计[2021]××××××号，采购项目编号为1065045-20210712-×××。项目进行竞争性磋商采购，现采用发布公告方式，邀请符合资格条件的供应商参与竞争性磋商采购活动。

一、采购项目基本概况

项目名称：某物流中心宿舍配套环境工程项目

政府采购计划编号：湘财采计[2021]××××××号

采购项目编号：1065045-20210712-×××

项目负责人：刘××

联系电话：1348758×××

合同履行期限：采购合同签订之日起30日历天内完成。苗木栽植尽量避开高温期。

采购方式：竞争性磋商

采购预算：1751700元

采购项目内容与数量：

分包：

包名	预算金额/元	最高限价/元	代理服务费限价/元
1	1751700	1751700	15300

包详情:

包名	品目分类	标的名称	简要技术要求	数量
1	B021502-园林绿化工程施工	某物流中心宿舍配套环境工程项目	详见磋商文件	1

需落实的政府采购政策：详见磋商文件。

本采购项目拒绝进口产品。

二、投标人的资格要求

1. 投标人的基本资格条件

应当符合《中华人民共和国政府采购法》第二十二条的规定，即：

1）具有独立承担民事责任的能力。

2）具有良好的商业信誉和健全的财务会计制度。

3）具有履行合同所必需的设备和专业技术能力。

4）有依法缴纳税收和社会保障资金的良好记录。

5）参加政府采购活动前三年内，在经营活动中没有重大违法记录。

6）法律、行政法规规定的其他条件。

2. 供应商特定资格条件

1）供应商具备建设行政主管部门颁发的建筑工程施工总承包三级及以上资质，安全生产许可证处于有效期。

2）拟任项目负责人具备中华人民共和国住房和城乡建设部注册的建筑工程专业二级及以上注册建造师执业资格以及省级住房和城乡建设行政主管部门颁发的项目负责人安全生产考核合格证。

3. 单位负责人为同一人或者存在直接控股、管理关系的不同投标人，不得参加同一合同项下的政府采购活动。

4. 为本采购项目提供整体设计、规范编制或者项目管理、监理、检测等服务的，不得再参加此项目的其他招标采购活动。

5. 列入失信被执行人、重大税收违法案件当事人名单，列入政府采购严重违法失信行为记录名单的，拒绝其参与政府采购活动。

6. 本次招标不接受联合体投标。

三、获取磋商文件的时间、地点及方式

1. 有意参加投标者，请于 2021 年 07 月 16 日起至 2021 年 07 月 23 日止，工作日上午 08:30～12:00，下午 14:30～17:00（北京时间），在××国际工程管理有限公司（详细地址：长沙市雨花区金海路×号），持单位介绍信、法定代表人身份证明或授权委托书（附法定代表人身份证明）、个人身份证购买招标文件。

2. 招标文件每套售价 400 元，售后不退。可选择现金或金融机构转账的方式购买招标文件，发票当场领取或在开标时领取。

经采购人授权代理机构向成交供应商收取服务费最高限价：15300 元。

四、响应文件提交的截止时间、开启时间及地点

1. 首次响应文件的提交截止时间：2021 年 07 月 28 日 10:00

2. 首次响应文件的开启时间：2021 年 07 月 28 日 10:00

3. 首次响应文件的开启地点：××国际工程管理有限公司（详细地址：长沙市雨花区金海路×号）

五、公告期限

1. 本招标公告在中国湖南政府采购网（www.ccgp-hunan.gov.cn）发布。公告期限从本招标公告发布之日起5个工作日。

2. 在其他媒体发布的招标公告，公告内容以本招标公告指定媒体发布的公告为准；公告期限自本招标公告指定媒体最先发布公告之日起算。

六、疑问及质疑

1. 潜在投标人对政府采购活动事项如有疑问的，可以向采购人或采购代理机构提出询问，采购人或采购代理机构将在3个工作日内作出答复。

2. 潜在投标人认为招标文件或招标公告使自己的合法权益受到损害的，可以在收到招标文件之日或招标公告期限届满之日起7个工作日内，以书面形式向采购人或采购代理机构提出质疑。

七、采购项目联系人姓名和电话

1. 采购项目

联系人姓名：刘××

电话：1348758×××

2. 采购人

名称：某物流中心

地址：湖南省长沙市××路

联系人：卢××

电话：0731-8408×××

邮编：410000

电子邮箱：1139××××@qq.com

3. 采购代理机构

名称：××国际工程管理有限公司

地址：长沙市雨花区金海路×号

联系人：刘××、易××、刘××

电话：0731-8571×××

邮编：410000

电子邮箱：263587××××@qq.com

八、其他补充事宜

1. 投标保证金

开户名称：××国际工程管理有限公司政府采购保证金专户

开户行：浦发银行长沙雨花支行

银行账号：6613015510000×××

2. 购招标文件款、招标代理服务费

开户名称：××国际工程管理有限公司

开户行：招商银行长沙韶山路支行

银行账号：73190313×××××××

3. 财务部联系人、电话

财务部联系人：易XX
　　财务电话：0731-8571XXXX

4. 投标与评标

在正式投标前，采购单位还需完成一些必要的工作，对大型工程或复杂设备采购召开开标前会议和现场会议，根据投标商的要求澄清招标文件中的某些表述不清晰或不具体的细节。采购方要合理确定投标准备时间，我国规定发布招标书后应给投标人不少于 20 天的准备时间，如果投标准备时间太短，投标文件的质量就会打折扣，影响到后面的评标工作。

投标人可以是法人或个人，也可以是两个以上法人或者其他组织组成的联合体。投标人应当具备承担招标项目的能力和规定的资格条件。投标人应按照招标文件的要求编制投标文件，投标文件应对招标文件提出的实质性要求和条件做出响应。投标文件应在规定的截止时间前送达指定地点，在截止时间前，投标人可以补充、修改或者撤回已提交的投标文件，并书面通知招标人。

投标文件的核心是投标方提供的详细技术方案，详细说明达到这些技术经济指标的技术方案、技术路线和保障措施，对完成方案所需要的成本费用以及需要购置的设备材料等列出详细的清单。如果项目由多个单位完成，还要对项目组织的人员、项目分工等进行说明。投标文件中还要列出投标方的资格证明文件、与制造商的代理协议和授权书、有关技术资料及客户反馈意见等。

工程和货物采购评标的方法略有不同。货物采购的评标方法有 4 种，即以最低评标价为基础的评标方法、综合评标法、以全生命周期成本为基础的评标方法及打分法。各种评标方法的对比见表 3-10。

表 3-10　各种评标方法的对比

评标方法	详细内容
以最低评标价为基础的评标方法	最低评标价是指在报价的基础上加上合理利润的价格
综合评标法	以价格和其他因素为基础的评标方法
以全生命周期成本为基础的评标方法	若厂房、生产线或设备等在运行期内的各项费用很高，可采用这种方法
打分法（最常用）	根据产品或服务特点从多个因素进行评价

【案例】XX 船舶设备采购评标标准

某物流公司计划采购船舶设备，采用打分法评标，评价内容有质量、价格、交货期、付款条件、备件价格及售后服务、设备性能、技术培训等，将这些因素量化为具体的评价指标，分别设置权重和分值。表 3-11 是该公司采购船舶设备时的评标标准。

表 3-11　XX 船舶设备采购评标标准

序号	评分标准说明	分值/分
A. 技术原因（满分 40 分）		
1	货物配置、技术参数和使用功能的符合性、先进性。一般（1~2 分）、良（2~3 分）、优（3~4 分）	
2	货物的安全、经济、耐用及环保性（根据产品质量和环保认证情况评价）。一般（1~2 分）、良（2~3 分）、优（3~4 分）	
3	根据提供货物的品牌、市场认知度、市场美誉度及市场占有率等进行评价。一般（1~2 分）、良（2~3 分）、优（3~4 分）	
4	总体施工图纸、配置方案的合理性、适用性和质量情况。一般（1~2 分）、良（2~3 分）、优（3~4 分）	

（续）

序号	评分标准说明	分值/分
5	施工图纸的科学性、合理性、完整性和施工技术方案的合理性。一般（1~2分）、良（2~3分）、优（3~4分）	
6	项目经理、技术负责人及其他建造施工管理人员（施工员、安全员、质检员、材料员、预算员）配备及其资质、职称等情况。一般（2~4分）、良（4~6分）、优（6~8分）	
7	工程质量、施工进度计划、安全文明施工保障措施。一般（3~6分）、良（6~9分）、优（9~12分）	
B.商务因素（满分15分）		
8	企业规模、注册资金、经营年限、财务状况、企业综合实力、信誉、认证等情况。一般（0~1分）、良（1~2分）、优（2~3分）	
9	投标人的供货人员、经营场所、配套设施及相关设备的配备情况。一般（0~0.5分）、良（0.5~1分）、优（1~1.5分）	
10	投标人的技术人员情况、安装调试能力及技术支持能力等。一般（0~0.5分）、良（0.5~1分）、优（1~1.5分）	
11	投标人相关经营业绩和经验。一般（0~1分）、良（1~2分）、优（2~3分）	
12	服务承诺、保修期、费用等。一般（0~2分）、良（2~4分）、优（4~6分）	
C.价格因素（满分45分）		
13	各有效报价得分 = 最低有效报价 ÷ 有效投标人报价 × 45	
各有效投标人综合得分：P=A+B+C		

5. 编写评标报告

评标工作结束后，采购单位要编写评标报告，内容包括：招标公告发布的时间、购买招标文件的单位名称；开标日期；投标商名单；投标报价以及调整后的价格（包括重大计算错误的修改）；价格评比基础；评标的原则、标准和方法；授标建议。

6. 资格后审

如果在投标前没有组织资格预审，评标后应对最低评标价的投标商进行资格后审。审定结果认为其具备资格且有能力承担合同任务，则授予合同；如果不符合要求，应对排名次之的投标商进行后审。

7. 授标与合同签订

合同签订方法有两种：一是在发中标通知书的同时将合同文本寄给中标单位，让其在规定的时间内签字返还；二是中标单位收到中标通知书后，在规定的时间内派人签订合同。采用第二种方法时，允许相互澄清一些非实质性的技术性或商务性问题，但不得要求投标商承担招标文件中没有规定的义务，也不得有标后压价的行为。中标方签字并提交了履约保证金后，合同正式生效，采购工作就进入了合同实施阶段。

四、招标过程控制

项目招投标的过程涉及很多机构和人员，且持续时间长，存在较多的不确定性因素。由于市场竞争秩序不规范，招标过程受行政干预、投标人串通等现象经常出现，甚至有些招标沦为走形式，未能达到选择最佳供应商或承包商的初衷，因此，招标过程必须严格监控。招标过程中常见的异常行为有围标、低价中标、陪标、挂靠投标等。

1. 围标

围标是指投标人之间秘密接触并就投标价格达成协议，哄抬投标报价或者故意压低投标报价，以排挤其他投标人，使某个利益相关者中标，从而谋取利益的手段和行为。例如，一个招标工程有多家企业参与投标，商务标的评标办法为无标底制，投标报价的加权平均值为评标基准值，报价接近基准值者得分就高，再加上技术标分值得到总分，作为评比的依据。某施工单位联合多家企业共同填报一个相近的报价，评标基准值就会接近他的报价，得到的商务分就高些。现实中更有甚者在无标底的前提下，同时提高报价，使中标者的标价远超出实际工程造价，导致业主单位遭受巨大损失，中标单位再将超额利润补贴给陪同围标的单位。控制围标现象可以从改革商务标的评标办法入手，取消按照基准值评分的做法，并设定标底，当报价超过有效幅度时宣布废标。

为有效防止恶意串标的风险，可以采用设置拦标价的方法。拦标价是指采购方向投标人公示的项目总价格的最高限制标准是招标人期望的价格，要求投标人报价不能超过，否则为废标。有的项目在编制拦标价时采用"双核制"，即招标代理公司和项目部聘用的造价咨询公司同时编制工程量清单和拦标价，在公布拦标价之前反复地沟通和核对，使拦标价更加准确和合理，这样既有利于控制项目投资，也可以有效减少在工程实施过程中的索赔现象。

2. 低价中标

标底是指招标人设定的预期价格，是招标人的价格期望值，标底不是决定投标人能否中标的标准价，而是评标和比较时的参考价。编制标底时应综合考虑合同数量、履行前景、履行期限、供给状况、合同执行条件等因素，正常交易时以市场价格作为编制标底的基本依据。如果同类产品有几个品牌且价格不同，可选择居中的一种品牌的价格作为市场价格；无法确定市场价格时参考交易实例价格编制标底。新开发品或特殊规格产品等无市场价格和适当的交易实例价格时，可以以成本加利润的方法确定标底。工程项目实施工程量清单法后，招标人不再编制标底，投标人根据招标文件规定自主报价。

有些投标人信奉"中标靠低价，盈利靠索赔"的观念，为获取中标权将投标价压到低于成本价。设置标底能够控制投标人恶意压低投标价的情况，但标底的存在又有局限性，投标人会想方设法获取标底信息并把报价向标底靠拢。采购方可以设定投标报价有效幅度，报价低于或高于标底价一定比例则为不能接受的废标，即当所有投标人报价均在此范围之外时，将视为采购方前期工程造价控制失败，可以拒绝所有投标，重新组织招标，这样，恶意低标是可以防治的。

3. 陪标

陪标是指招标单位受到行政干预或商业贿赂，将项目内定给某投标人，通过走过场的招标活动使中标人获得合法化的合同，其他投标人只是陪衬，或者投标人之间进行串标，相互约定提高或压低投标报价，保证某一投标人获得中标资格。行为恶劣的企业会注册多家公司共同去投标，互相掩护陪标。防止陪标的方法是根据项目采购特点的不同，对技术标和商务标设置不同的权重，设定不同的评标办法。同时，对招标负责人实行工程质量终身负责制，如果工程质量出现问题进行追溯惩罚，这样可以减少行政干预，从源头上杜绝招标腐败现象。

4. 招标代理机构的行为

某些招标代理机构为了获取自身利益而迎合招标人的意愿，使招标人倾向的投标人合法中标。尤其是使用政府性资金的采购项目，招标代理机构受采购方的干预，往往按照业主的意愿完成符合法定程序的招投标过程。招标代理机构也可能与投标人串通提高中标价，其原因与招标代理服务费收取标准有关。招标代理服务收费实行政府指导价，以中标价格为基数，采用差额定率累进计费方式，实际执行时浮动幅度不超过规定比率的20%，因此，成交价格越高，对代理机构越有利。

5. 挂靠投标

在工程领域存在一种不具有投标资质的单位或包工头借用其他法人资质参加投标的现象。

某些高等级资质的企业缺乏市场竞争力，没有施工队伍和装备，如果其自主投标将花费很大代价，若多次投标失败将令企业陷于困境。为了获得稳定生存，这些企业愿意出借自己的资质，为挂靠者开具证明资料，由此获得一笔收入，挂靠者中标后再向其收取管理费用，企业不用承担任何经营风险。对低资质企业或包工头而言，他们很难创办一家高等级资质的施工企业，挂靠高资质的企业是最佳选择。这使得建筑市场中挂靠盛行，甚至出现了专以投标牟利的个体，招投标活动中各方交易主体从某种意义上都受到挂靠者影响。

6. 转包

有的企业中标后直接转包或违法分包给其他单位，从中收取管理费，而对工程质量和安全不做管理。转包使得一些资质不够、没有施工资质的企业进入施工现场，为质量安全埋下隐患，是出现"豆腐渣工程"的一个重要根源。监理机构应发挥其职能，认真分析中标人是否存在转包或者将中标项目肢解后分别转包给他人的现象，如有将招标项目的部分主体、关键性工作分包给他人的，或者分包人再次分包的，应宣布转包及分包行为无效，并对中标人进行经济处罚。

思考与训练

1. 请分析案例并回答以下问题。

M集团是A公司多年的客户，A公司已经为其开发了多个物流信息系统。最近，M集团与A公司签订了新的开发合同，以扩充整个企业的信息化应用范围，张工担任该项目的项目经理。张工组织相关人员对该项目的工作进行了分解，并参考了公司同M集团曾经合作的项目，评估得到该项目的总工作量为60人/月，计划工期为6个月。项目刚刚开始不久，张工的高层经理S找到张工，S表示，由于公司运作的问题，需要在4个月内完成该项目，考虑到压缩工期的现实，可以为该项目再增派2名开发人员。张工认为，整个项目的工作量是经过仔细分解后评估得到的，评估过程中也参考了历史上与M集团合作的项目度量数据，该工作量是客观真实的。

目前项目已经开始，增派的人手还需要一定的时间熟悉项目情况，因此即使增派2人也很难在4个月内完成。如果强行要求项目组成员通过加班等方式追逐4个月完成项目的目标，肯定会降低项目的质量，造成用户不满意。张工提出继续按原计划工期实施，但将整个项目分为两部分实现，第一部分使用3个半月的时间，第二部分使用3个月的时间，并分别制定出两部分的验收标准，这样不增派开发人员也可以完成。S认为该方案可以满足公司的运作要求，用户也同意按照这种方案实施。6个半月以后，项目在没有增加人员的前提下顺利完成，虽然比最初计划延长了半个月的工期，但既达到了公司的要求，客户对最终交付的系统也非常满意，项目组的成员也没有感受到很大的压力。

问题1：请指出张工是如何保证项目成功的？（不超过500字）

问题2：请结合案例指出项目范围管理的工作要点有哪些？（不超过500字）

2. 针对单元二思考与训练第3题中所选择的项目进行项目工作结构分解。

3. 针对单元二思考与训练第3题中所选择的项目进行采购管理规划。

4. 针对单元二思考与训练第3题中所选择的项目的采购部分编制招标文件。

单元四
物流工程项目计划管理

引 例

塔玛拉正在很熟练地将车停在她最喜欢的女式服装店门前，准备购买新的外衣。当她熄火后，仪表板后的电话开始响了起来，是艾拉老板打来的电话。艾拉老板大叫道："我研究了有关收到订单和客户收到货物之间间隔时间的所有经营记录。在西好莱坞你们配送中心的运营状况糟透了！放下你手中的工作，回到你的办公室，看看你到底做错了什么！然后告诉我加快运营所需要做的事。可以在任何时候和我电话联系。"

2天过去了，塔玛拉放弃了所有的社交活动，她将所有的时间都花费在如何缩短订货加工系统的时间上。系统的准确性不是问题，虽然会有一些附加费用。去年老板给她发了奖金，他对塔玛拉说如果她在经营中多花了一个子，她的奖金就没有了。

塔玛拉已经确定有12个不同部门是与订单加工和运输有关的。有些工序是同时进行的，也有一些是按照次序进行的，也就是说，一道工序必须在其他一道工序结束后才开始。

最终她研究了书本中的配图，用网络计划技术优化了订货加工和送货时间，缓和了艾拉老板的恼怒。

在影响物流工程项目成败的诸多因素中，进度计划通常排在首位。在项目进度、质量和成本3个主要目标中，进度是一个显性的目标，进度信息对每个项目利益相关者都是透明的，项目进度提前还是延误，项目干系人都能清楚地知道。项目管理的首要工作是计划，进度计划是做好进度管理的基础，也是进度控制的依据。

项目一 物流工程项目计划管理概述

学习目标：
1. 掌握项目计划制订的原则和步骤。
2. 掌握物流工程项目活动排序的方法。
3. 掌握物流工程项目活动时间的估算。

一、项目计划

1. 项目计划的含义

项目计划是用于协调所有项目计划编制文件，指导项目执行和控制的文件。其关键组成部分包括项目简介或概览、如何组织项目的描述、用于项目的管理和技术过程，描写所要完成的工作的部分、进度信息和预算信息。

项目计划要列出主要工作和任务清单。在工作和任务清单中要清楚地描述出项目划分的各个实施阶段，每个阶段的工作重点和任务是什么，完成本阶段工作和任务的人力、资源需求和时间期限，阶段工作和任务的成果形式，项目实施过程中对风险、疑难、其他不可预见因素的处理机制，各任务组及开发人员之间的组织、协调关系等。

2. 项目计划制订的原则

项目计划作为项目管理的重要阶段，在项目中起承上启下的作用，因此在制订过程中，要按照项目总目标、总计划进行详细计划。计划文件经批准后作为项目的工作指南。在项目计划制订过程中一般应遵循以下 6 个原则：

1）目的性。任何项目都有一个或几个确定的目标，以实现特定的功能、作用和任务，而任何项目计划的制订正是围绕项目目标的实现展开的。在制订计划时，首先要分析目标，弄清任务。因此项目计划具有目的性。

2）系统性。项目计划本身是一个系统，由一系列子计划组成，各个子计划不是孤立存在的，彼此之间相对独立又紧密相关，从而使制订出的项目计划也具有系统的目的性、相关性、层次性、适应性、整体性等基本特征，使项目计划形成有机协调的整体。

3）经济性。项目计划的目标不仅要求项目有较高的效率，而且要有较高的效益。所以在计划中必须提出多种方案进行优化分析。

4）动态性。这是由项目的生命周期所决定的。一个项目的生命周期短则数月，长则数年，在这期间，项目环境常处于变化之中，使计划的实施会偏离项目基准计划。因此项目计划要随着环境和条件的变化而不断调整和修改，以保证完成项目目标，这就要求项目计划要有动态性，以适应不断变化的环境。

5）相关性。项目计划是一个系统的整体，构成项目计划的任何子计划的变化都会影响到其他子计划的制订和执行，进而最终影响到项目计划的正常实施。制订项目计划要充分考虑各子计划间的相关性。

6）职能性。项目计划的制订和实施不是以某个组织或部门内的机构设置为依据，也不是以自身的利益及要求为出发点，而是以项目和项目管理的总体及职能为出发点，涉及项目管理的各个部门和机构。

3. 项目计划制订的步骤

项目管理就是制订计划、执行计划、监控计划的过程。项目管理大师科兹纳更是指出："不做计划的好处，就是不用成天煎熬地监控计划的执行情况，直接面临突如其来的失败与痛苦。"可见项目计划在项目管理中的重要性。项目计划的制订是非常重要且非常有难度的事情，一般遵循以下几步：

1）明确项目范围。项目范围，简单地说就是项目中所有要做的工作。初步明确项目范围就是要明确项目要交付什么类型的产品或服务，有多少数量，如何验收等。具体来看，项目范围有两个维度：一个是关键交付点的时间维度，叫作项目交付阶段；另一个是交付动作。交付动作又包含两个方面,一个是项目管理,一个是实施过程,也叫工序,就是如何来实现每个交付阶段的交付物。最好还要明确各工作包之间的依赖关系,特别是各工序之间的依赖关系。

2)定义项目组织。根据工作分解结构,将工序进行归类,确定项目主要人员分工和项目组织结构,同时明确项目责任矩阵与项目组运作机制,如问题升级、例会等制度或流程。对于一个大型项目而言,项目需要很多部门和成员的参与。核心成员确定后,明确各自职责并进行有效管理显得至关重要。

3)分解工作分解结构。根据分解的工作分解结构,按照最熟悉原则,由各模块核心成员将工作分解结构进行进一步分解,分到项目活动(一般分解原则为该活动可以由一个人完成,工期不超过80h),再与相关人员一起讨论,确定各项活动的基本时间(活动时间的估算一般可以采用三点估算原则或类比估算原则)。各活动时间估算完成后,找出关键路径,并与交付点进行顺推与倒推,调整活动时间与顺序,以满足交付期限(这时候要注意风险时间的储备)。

4)输出进度计划表。进度计划表是在理想的情况下(即资源足够充分的条件下)制订的。而现实条件中,资源往往是个重要的约束条件,资源缺乏或者对单个资源的过度分配,都会对项目计划的执行带来极大的风险。将各个资源工时按照时间的维度进行汇总,发现过度分配的资源,在满足交付进度要求的基础上,进行资源平衡。

5)匹配主从计划。主计划在最后确定之前,一定要与正在制订的从计划进行匹配,如物流计划的到货时间点与主计划设备安装开工点的匹配,分包商交付时间点与主计划交付点的匹配。若出现主从计划脱节,项目计划则无法执行。

6)确认项目计划。最后的项目计划一定要与重要的干系人进行确认,特别是与客户确认。如果有不满意的地方,要尽量协商然后再调整,确认后的项目计划要作为以后项目的基线。如有变更,就要走变更流程。如果没有与客户确认项目计划,就会出现客户随意变更的情况。

4. 项目计划的类型

项目计划是项目管理工作的中心内容。根据不同的目的和不同的时间进展,可以有不同类型的计划,具体分为里程碑计划、项目实施计划、项目进度计划。每一种项目计划都是为完成一个项目管理工作而安排的具体内容。

1)里程碑计划。里程碑计划是确定项目的关键交付物或者项目交付产品的具体时间表。它可以看作是一个项目在初级阶段制订的蓝图,是对项目完成时间以及项目产品交付时间的计划,可以直接在日历上用一个星号或者一个三角加以表示。

2)项目实施计划。一个成功的项目管理是在有组织的人员和团体的基础上展开的。项目的全局目标需要用更加简短的目标明确表明,并且通过精心策划的计划、进度和预算等来完成。然后实施控制,以确保计划和进度按照预期实施。

项目的实施计划表现为整个项目实施的所有步骤,包括项目管理的各个方面,涉及要制订完成的目标及其相应的工作,以及怎样为保证工作的实施提供相应的领导支持和指导。项目实施计划包括进度计划和成本预算、成本管理计划与风险管理计划等。

3)项目进度计划。项目进度计划就是根据项目实施具体的日程安排,规划整个工作进展。也把它称为项目初步计划、详细计划或者整体计划和子计划等。

二、项目活动排序

1. 确定依赖关系

在项目工作分解结构创建后,一大堆工作包摆在面前,先做哪一个后做哪一个呢?哪些工作可以同时进行呢？这是必须做出判断的，也是制订项目进度计划的基础工作。一般来看，项目活动之间的依赖关系可以分为3种：

1）具有逻辑约束的强制性关系。此种依赖关系是指活动之间的内在关系是严格确定且不可调整的。例如，产品开发项目中需求分析完成后才能进行方案设计，建筑项目中绑钢筋结束后才能进行混凝土浇筑。

2）自由依赖关系。许多活动之间没有强制依赖关系，这些活动可以并行实施，也可以根据实际情况由项目经理确定先后顺序。例如，装修一间房屋，安装门窗、网络布线、照明线路铺设3项活动既没有依赖和制约关系，也不需要竞争同一种资源，理论上可以同时进行。

3）外部依赖关系。外部工作或关系对项目产生了制约与影响，使得项目工作顺序被改变。例如，供应商在水泥和钢筋等材料配送环节失误，导致混凝土浇筑活动被推迟，项目经理只能根据情况安排其他工作。外部依赖关系往往超出了项目经理的控制范围和能力，因此应有应急计划。

活动关系分析的输出结果可以用活动属性表进行描述。表4-1描述了项目中每个活动之间的顺序，接下来就可以编制网络图，把复杂的各种关系展示出来并进行时间计算，以及寻找关键路径。

表 4-1 项目活动属性表

项目名称：ERP 实施项目　　　　　　　　　　　　　　　　　　　　　　准备日期：8月10日

编号	2.1.3	活动	人力资源基础数据收集		
工作描述：收集完整、准确的人力资源数据，包括个人信息、岗位信息、薪酬信息					
紧前	关系	时间提前或滞后量	紧后	关系	时间提前或滞后量
数据采集模板	完成-开始	+1 天	数据甄别	完成-开始	-3 天
资源需求：人力资源人员和文秘		技能需求：熟练使用办公软件		其他需要的资源：	
人力投入的类型： 各部门文秘按照模板要求采集本部门人员数据，必要时由人力资源部协助					
执行的地点： 各部门内部进行采集，汇总后报人力资源部审核					
强制日期或其他约束： 各部门10天完成采集，人力资源部15天完成全部数据审核					
假设： 审核资料时能够获得相关证明材料					

2. 滞后与阶梯化

在连续活动链中，一个活动的最早开始时间与紧前活动的最早完成时间之间的期限叫滞后。假设活动A计划2月1日完成，滞后6天，则紧后活动B的开始时间为2月7日。项目经理应明确哪些依赖关系中需要加入时间提前量或滞后量，以便准确地表示活动之间的逻辑关系。利用提前量来提前开始紧后活动，利用时间滞后来推迟紧后活动。使用这两种时间不改变活动的逻辑关系。

图4-1所示为确定约束条件滞后的5种方式。图4-1a是完成-开始关系，指活动B可以最早在活动A完成 n 天后开始。滞后可能是出于对风险的考虑。例如，粉刷完墙面后，需要观察油漆凝干后的质量是否合格，如果需要采取补救措施，则仍然需要利用脚手架施工，因此，脚手架不急于拆除，6天后如没有发现质量问题就可以拆除了。当 $n=0$ 时，滞后就消失了，变成了一般的网络关系。

滞后也可能是由资源限制所导致的。假设活动 A 的完成时间是 2 月 15 日，现实中可能存在以下情况。资源经理原来承诺 B 需要的资源计划在 2 月 16 日抵达，即在 A 的完成时间后，但他可能突然通知资源提前于 2 月 9 日抵达，如果不接受并使用的话，资源将被派到他处，且 2 月 16 日可能会调不过来。虽然从理论上说只要活动 A 不完成 B 就不会开始，但多数项目经理会在 2 月 9 日接受这些资源，并尽可能地使用。这样就会造成活动 B 开始时间是 2 月 9 日而非 2 月 16 日，此时，滞后为 -6，负数说明 B 的开始提前促使 A 的完成时间提前 6 天。

图 4-1b 是开始-开始关系，指活动 B 最早可以在它的紧前活动 A 开始 n 天后开始。滞后的产生可能是由于前置任务时间较长。在长距离的管道作业中，后续活动一般不需要前置活动全部完工就可以开始。挖地沟进行 3 天后就开始铺设光缆活动，这样就把原来连续进行的活动关系改变为某些时间内的平行关系，有利于加速项目进程。

图 4-1c 是完成-完成关系，指活动 B 最晚可以在活动 A 完成 n 天后完成。例如，对于某停车场建设项目，活动 A 铺设沥青完成后应进行活动 B 画停车线，并最晚在 2 天后完成画线。

图 4-1d 是开始-完成关系，指活动 B 最晚可以在活动 A 开始 n 天后完成。例如，淘汰旧系统在新系统测试 30 天后才能完成。

图 4-1e 是开始-开始和完成-完成的组合关系。B 在 A 开始 3 天后才可以开始，并于 A 结束 5 天后才能结束。

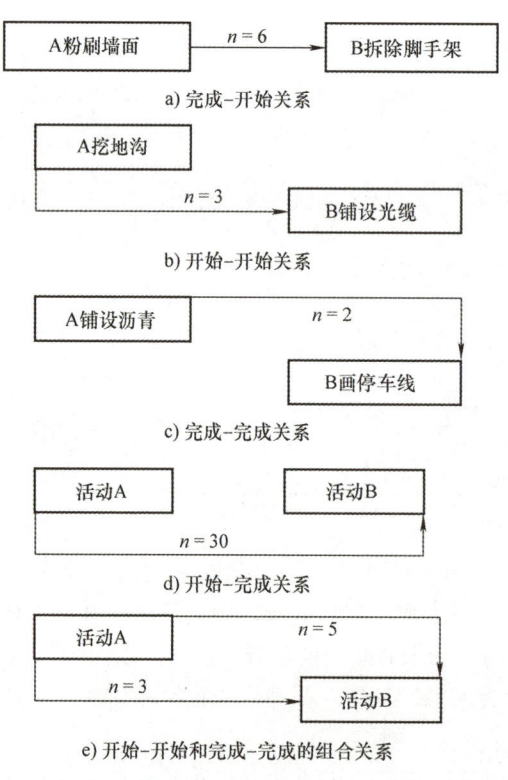

图 4-1 滞后的 5 种方式

如果前置工作完成时间很长，后续工作不需要前置工作全部完成就可以开始。实际工作中往往把前置工作分为若干阶段，使得后续工作可以尽早开始，这种做法称为阶梯化。例如，铺设 1000m 自来水管道，主要工程大体分为挖沟、布管线和恢复路面 3 项密切联系的任务，它们之间存在逻辑关系，应依次完成。实际工作中不需要把 1000m 壕沟全部挖完才开始布管线，可以挖 50m 后开始布管线，接下来挖沟和布管线就可以同时作业。填埋壕沟恢复路面工作也不需要布管线全部完成，如果布管线 50m 后就恢复路面，则 3 项工作可以同时进行。阶梯化的作业方式把活动的关系从完成-开始关系变成了局部的开始-开始关系，在长距离的管道作业中普遍采用，这样做可以大大节省时间。

三、项目活动时间估算

完成一项活动的时间与投入该活动的资源量（人工、设备、费用）有密切关系，也与工艺或技术要求等因素有关。在估算时间前，必须确定投入的资源数量与质量。例如，估算教室墙面粉刷一遍所需时间，已知一个粉刷工人需 4h，那么两个工人一起工作只要 2h 就可以了。资源增加未必使时间成比例地降下来，当工人增加为 4 人时，可能产生分工和界面管理问题而浪费时间，1h 内一般完成不了。

增加人员对劳动密集型项目的活动完成时间的影响是明显的，但对于知识密集型的项目，增加人员对时间的影响可能不大。例如，研发通信设备需要克服技术难题，现有的工程师已经研究了一段时间，预计还需要 10 天能解决问题，此时增加人员数量无助于缩短工期，甚至会因指导新人而导致更多延误。

很多项目受场地限制，只能容纳一定数量的人员和设备，不能单纯依赖增加资源来降低时间。此时可以考虑采用效率更高的设备，如工人粉刷墙面选用先进的喷涂设备，隧道挖掘作业采用盾构机比人工方式的速度快得多。

资源是专职工作还是兼职工作对活动时间也有较大的影响。专职人员由于投入了 100% 的精力，其产出效率更高。如果某些活动由兼职人员承担，所需的时间可能会更长。

正是由于活动时间受多种因素的影响，所以，估算结果的精确度是相对的。为了减少误差，最好让承担该任务的人员参与时间估算，他们的经验有助于提高估算结果的准确性。

1. 经验估算法

经验估算法是根据以往类似项目的活动完成时间估算新项目活动可能需要的时间。这个方法简单易行但误差会比较大。项目特点、估算人员的经验及项目活动的相似性是影响结果准确性的主要因素，另外项目环境的影响也很重要。工程项目的设备和劳动力的产出效率基本稳定，完成任务的工作量是相对确定的，据此估算时间误差一般不会太大。研发项目涉及技术攻关，时间估算更为困难，实际完成的时间可能与预测值差别较大。

【案例】地铁施工历时估算的误差

某城市正在实施地铁建设工程，1 号线张术村至李庄之间为试验段，全长 800m，地下为湿陷性黄土地质条件，地下断裂带较多，给隧道挖掘带来较大困难。A 集团施工队伍首先在右线使用盾构机作业，由于缺乏该地质条件下的盾构机施工经验，施工速度缓慢。在边探索边收集施工数据资料的情况下，右线完工耗时 134 天，攻克了诸多技术难题，取得了丰富数据。根据右线施工经验，项目团队估算左线施工时间为 93 天，在盾构过程中他们不断创新和优化施工方案，实际使用了 60 天。尽管左右线地质条件与设备状况相同，实际施工时间仍然与计划时间相差 33 天。

2. 定额计算法

时间定额是指某种专业的工人班组或个人，在合理的劳动组织与合理使用材料的条件下，完成符合质量要求的单位产品所必需的工作时间，包括准备与结束时间、基本生产时间、辅助生产时间、不可避免的中断时间及工人必需的休息时间。时间定额通常以工日为单位，每一工日按小时计算。产量定额是某种专业或技术等级的工人班组或个人，在单位工日中所应完成的质量合格的产品数量。产量定额与时间定额互为倒数。

根据劳动定额、预算定额、操作方法、活动的工作量、投入的资源量（工人数、机械台数和材料数量）等，可按下列公式计算活动持续时间。

$$T = Q/(P \times S \times N)$$

式中，T 为活动持续时间；Q 为活动的工作量；P 为投入的资源量（劳动力数量或机械台数）；S 为产量定额，即单位时间（工日或台班）完成的工程量，可按本单位的实际或查定额确定；N 为工作的班次（1天3班、2班还是1班）。

例如，开挖一个长60m、宽30m、深6m的基坑，总土方量为10800m³。假设投入1台挖土机和能力匹配的拉土卡车，挖土机每小时可以挖出80m³土，机器每天工作8h，则基坑挖完需要16.9天。如果为挖土机配备3名驾驶员，3班轮流操作，则5.6天可以完工。如果增加1套挖土机和拉土卡车，则2.8天左右可以完工。

3. 三点时间估算法

由于项目的非重复性，特别是在采用新工艺、新方法和新材料等无定额可循也缺乏经验的活动中，准确估算活动历时很困难。三点时间估算法需要确定最乐观时间 a、最悲观时间 b 和最可能时间 c。最乐观时间是假定一切工作按计划进行，只遇到最少的困难，这种情况的发生概率大约为1%。最悲观时间是假定一切都不按计划进行，且最大量的潜在困难都将发生，这种情况的发生概率也大约为1%。最可能时间是项目经理们认为最常发生的情况，即假设前置活动正常完成的情况下完成活动的历时长度。

在现实生活中，最悲观时间和最乐观时间一般不成正态分布。一个活动的最乐观时间可能在均值附近的一个标准差范围内，而最悲观时间可能离均值有三四个标准差。则活动的期望持续时间的计算公式如下：

$$T_e = (a + 4c + b)/6$$

式中，T_e 为活动的期望持续时间；a 为活动持续的最短（乐观）估计时间；b 为活动持续的最长（悲观）估计时间；c 为活动持续的最可能（正常）估计时间。

项目二 网络计划技术

> **学习目标：**
> 1. 理解网络计划技术中的基本概念。
> 2. 掌握网络计划的编制步骤。
> 3. 掌握网络图的绘制方法和基本规则。

一、网络计划技术概述

网络计划技术是一种帮助人们分析工序活动规律，提示任务内在矛盾的科学方法，这种方法还提供了一套编制和调整计划的完整技术。网络计划技术的核心是，它提供了一种描述计划任务中各项活动相互间逻辑关系的图解模型——网络图。利用这种图解模型和有关的计算方法，可以看清计划任务的全局，分析其规律，以便揭示矛盾，抓住关键，并用科学的方法调整计划安排，找出最优的计划方案。

20世纪60年代初期，著名科学家华罗庚和钱学森相继将网络计划技术引入我国。华罗庚教授在综合研究各类网络方法的基础上，结合我国实际情况将其加以简化，于1965年发表了《统筹方法评话》，为推广和应用网络计划技术奠定了基础。近几年，随着科技的发展和进步，网络计划技术的应用得到了工程管理人员的重视，并且取得了可观的经济效益。例如，在上海宝钢炼铁厂1号高炉土建工程施工中，由于应用了网络计划技术，缩短工期21%，降低成本9.8%。下面简述网络计划技术（或称统筹方法）的应用过程。

首先，经过科学分析，将一个工程项目分解成许多工序，把所要做的工序、哪项工序先做、哪项工序后做、各占用多少时间以及各项工序之间的相互关系等用网络图的形式表达出来。

其次，通过简单的计算，找出哪些工序是关键的，哪些工序不是关键的，并在原来计划方案的基础上进行优化。例如，在劳动力或其他资源有限的条件下寻求工期最优，或者在工期既定的条件下寻求工程的成本最低等。

最后，组织计划的实施，并且根据变化的情况，搜集有关资料，及时对计划进行调整，重新计算和优化，以保证计划的执行过程自始至终都能够最合理地使用人力、物力，保证多、快、好、省地完成任务。

综上，网络计划技术是一种科学的管理方法。在大型的物流项目开发中，我们可以通过网络图的形式对整个物流系统全面规划，并根据不同项目的轻重缓急进行协调，使系统对资源（人力、物力、财力）进行合理的安排，并有效地加以利用，达到以最少的时间和资源消耗来完成整个系统的预定计划目标，取得最好的经济效益。

二、网络计划技术中的基本概念

网络计划技术的重要标志是绘制网络图。网络图又称箭头图，由一系列的弧和节点组成，用以表示各种事件和活动之间的逻辑关系，其基本组成要素包括工序、事件和路线。网络图中的有向弧代表各种工序，工序完成需要的时间标在弧上；节点表示工序的开始与结束，每个节点有唯一的节点标号。

1. 工序

工序泛指一切消耗时间或资源的活动，又称活动、任务、工作或作业。

1）虚工序。虚工序是指虚设的工序，用来表达相邻工序之间的邻接关系，不需要消耗时间和资源。

2）紧前工序。紧前工序是指紧接某道工序的前道工序。

3）紧后工序。紧后工序是指紧接某道工序的后续工序。

例如，工序D需要在工序A、B、C都完工后才能开工，其网络图如图4-2a所示，称工序A、B、C为工序D的紧前工序，而工序D为工序A、B、C的紧后工序。对于图4-2b所示网络图，工序D为工序A、B、C的紧前工序，工序A、B、C为工序D的紧后工序。

2. 事件

事件标志着一个或若干个工序的开始或结束，它不消耗时间或资源，或相对于工序来说，消耗量可以忽略不计。某个事件的实现标志着在它前面的各项工序（紧前工序）的结束，也标志着它之后的各项工序（紧后工序）的开始。

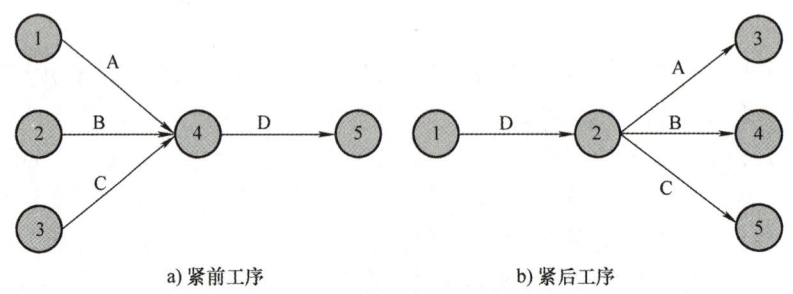

a) 紧前工序　　　　　　　　b) 紧后工序

图 4-2　紧前工序与紧后工序

3. 路线

项目网络图中，从最初事件到最终事件，由各项工序连贯组成一条有向路线。路线的总长度是指路线中各项工序所需时间的总和。

三、网络计划的编制步骤

网络计划是目前项目管理和项目安排领域比较科学的计划编制方法，其编制的基本步骤一般可归纳为：

1）任务分解。将待开发的计划项目分解为若干具体的工序。

2）编制工序明细表。收集并整理资料，确定工序的紧前关系和紧后关系，编制工序明细表。

3）绘制项目网络图。用专门的符号绘制网络图，遵循的一般原则是从项目的开工工序开始，由左向右画图，直到项目所有工序完工为止。

4）确定各项工序所需的时间。根据工序内容、以往类似工序的资料等确定各工序的持续时间。

5）计算网络图的时间参数。计算各工序和事件的有关时间参数。

6）找出关键路线。关键路线上的各项工序就是今后管理的重点对象。

7）优化网络计划。进一步优化计划项目的时间和资源。

四、网络图的绘制方法和基本规则

1. 基本表示方法

用弧 (i, j) 表示一道工序，事件 i 是工序的开始，事件 j 是工序的结束，规定 $i<j$，并且节点编号不能重复。

2. 紧前完工

每项工序开始之前，其所有紧前工序必须已经完工。该规则保证了网络图能够正确表达已经规定的工序之间的逻辑关系。

3. 添加虚工序

虚工序用虚箭线表示。在下列两种情形中必须添加虚工序：

扫码看视频

1）紧前工序与紧后工序不是一一对应关系。错误的画法如图 4-3 所示。正确的画法如图 4-4 所示。

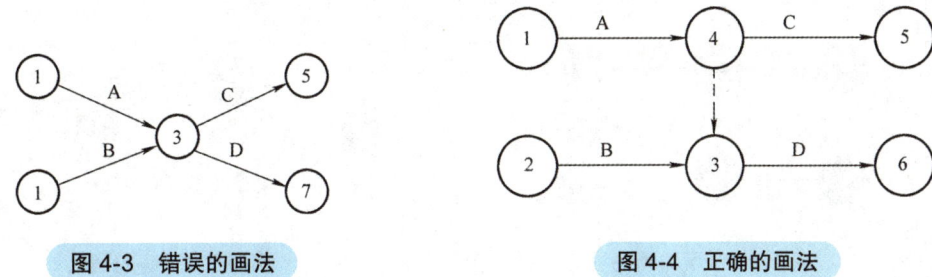

图 4-3　错误的画法　　　　　　图 4-4　正确的画法

2）"二夹一"，即一对节点之间只能有一道工序，如图 4-5 所示。

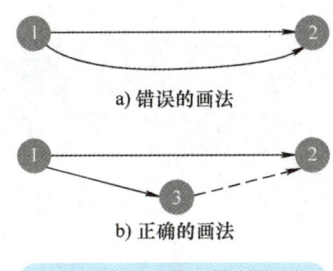

图 4-5　"二夹一"的画法

4. 起点终点唯一

网络图只有一个起点节点和一个终点节点，起点节点无紧前工序，终点节点无紧后工序。

5. 工序不重复，网络无回路

一道工序从整个计划的开始到完工，只能被执行一次，因而不能出现回路。错误的画法如图 4-6 所示。

6. 网络图的布局

网络图应该清晰醒目，布局要突出重点，尽可能将关键路线布置在中心位置，并尽量将联系紧密的工序布置在相近位置。箭线应尽量画成水平线或具有水平线的折线，尽量避免箭线的交叉。

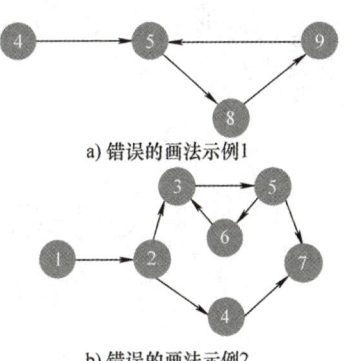

图 4-6　错误的画法

【例题 1】某工程由 5 道工作 A、B、C、D、E 组成，它们之间的关系见表 4-2，试画出网络图。

表 4-2　工作明细表

工作	紧前工作
A	/
B	A
C	/
D	A、C
E	C

如图4-7所示的画法是错误的,因为按照图4-7中的画法,工作E要在工作A和工作C均完成后才能开工,这不符合表4-2中对工作E的要求(工作E在工作C完工后即可开工)。正确的网络图如图4-8所示。

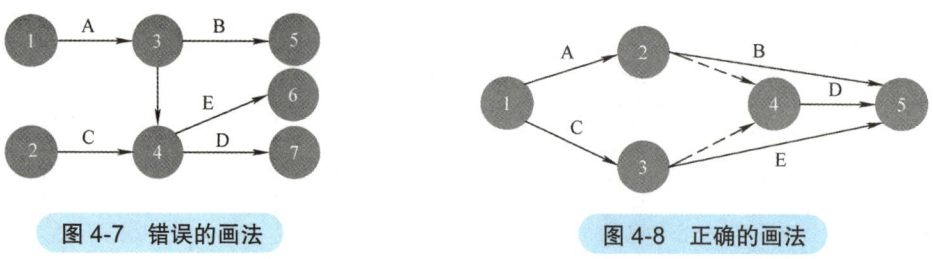

图4-7　错误的画法　　　　　　　　图4-8　正确的画法

项目三　网络计划技术方法

学习目标:
1. 掌握关键路线的计算方法。
2. 掌握网络图的绘制。
3. 掌握时间参数的含义和计算方法。

一、关键路线

如图4-9所示,从起点①至终点⑧有若干条单向通路。由于网络图比较简单,可以用穷举法计算路长,见表4-3。

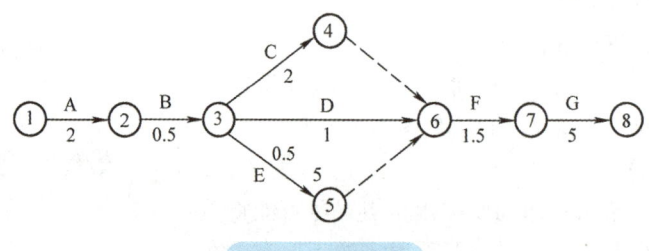

图4-9　网络图

表4-3　用穷举法计算路长

路线名	路线	路长
P_1	①→②→③→④→⑥→⑦→⑧	2+0.5+2+0+1.5+5 = 11
P_2	①→②→③→⑥→⑦→⑧	2+0.5+1+1.5+5 = 10
P_3	①→②→③→⑤→⑥→⑦→⑧	2+0.5+0.5+0+1.5+5 = 9.5

由此可知,P_1(①→②→③→④→⑥→⑦→⑧)完工期为11h;P_2(①→②→③→⑥→⑦→⑧)完工期为10h;P_3(①→②→③→⑤→⑥→⑦→⑧)完工期为9.5h。其中,P_1(①→②→③→④→⑥→⑦→⑧)时间为11h,路径最长,所以为关键路线。

在以时间为权的网络图中,从工序起点至终点最长的通路称为工程或项目的关键路线或关键路径,记为 CP;关键路线上的工序称为关键工序,关键路线的长度(一条关键路线上各道工序时间之和)就是工程计划完工期或最早可能完工期,记为 T_E。

二、绘制网络图

1. 任务的分解

首先要将任务分解成若干个工序,并分析清楚这些工序之间在工艺上的联系和制约关系,确定出工作项目明细表,见表4-4。

表 4-4 工作项目明细表

工序	工序内容	紧前工序	工时/天
A	生产线设计	/	60
B	外购零配件	A	45
C	下料、锻件	A	10
D	工装制造 1	A	20
E	木模、铸件	A	40
F	机械加工 1	C	18
G	工装制造 2	D	30
H	机械加工 2	D、E	15
I	机械加工 3	G	25
J	装配调试	B、F、H、I	35

2. 网络图的绘制

根据表4-4所示的工作项目明细表,遵循网络图的绘制原则,绘制网络图,如图4-10所示。

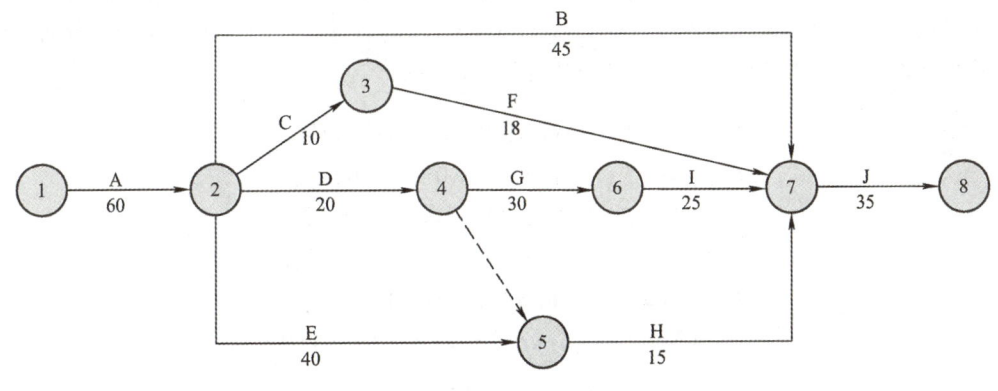

图 4-10 绘制网络图

3. 节点编号

事件节点编号要满足前述要求,即从起点到终点要从小到大编号,且满足工序 (i, j) 要求。编号不一定要连续,可留些间隔便于修改和增添工序。

三、时间参数及其计算

1. 工序最早可能开工时间 $T_{ES}(i,j)$

任一工序都必须在它的所有紧前工序完工后才能开工,每道紧前工序都有一个最早可能完工时间。这些最早可能完工时间的最大值,就是本工序最早可能开工时间,记为 $T_{ES}(i,j)$。

$$T_{ES}(1,j)=0$$
$$T_{ES}(i,j)=\max\{T_{ES}(h,i)+t(h,i)\}$$
$$h<i \ (i=2,3,\cdots,n)$$

工序的最早可能开工时间从工序流线图上的第一道工序开始算起,自左向右逐道工序向后计算,一直算到工程的最后一道工序为止。

【例题2】 设某工程的网络图如图4-11所示(时间单位为周),试计算工序的最早可能开工时间和工程完工时间。

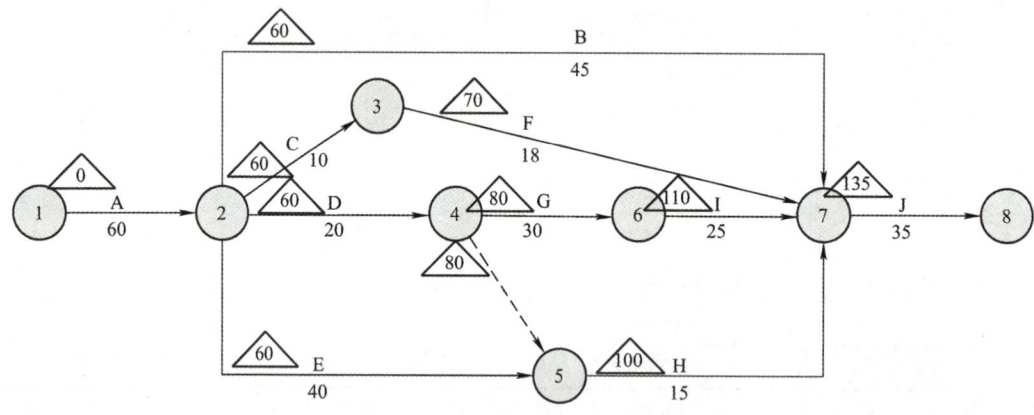

图4-11 工序最早可能开工时间的计算

解:用记号"△"把 $T_{ES}(i,j)$ 相应地标在图4-11上。显然,以起点事件①为开工事件的头两道工序的最早可能开工时间等于0,即 $T_{ES}(1,2)=0$。以后各道工序的最早可能开工时间等于紧前工序的最早可能开工时间加上紧前工序的时间。例如:

$$T_{ES}(2,3) = T_{ES}(1,2)+t(1,2) = 0+60 = 60 \ (周)$$
$$T_{ES}(2,4) = T_{ES}(1,2)+t(1,2) = 0+60 = 60 \ (周)$$
$$T_{ES}(2,5) = T_{ES}(1,2)+t(1,2) = 0+60 = 60 \ (周)$$
$$T_{ES}(2,7) = T_{ES}(1,2)+t(1,2) = 0+60 = 60 \ (周)$$
$$T_{ES}(3,7) = T_{ES}(2,3)+t(2,3) = 60+10 = 70 \ (周)$$
$$T_{ES}(4,5) = T_{ES}(2,4)+t(2,4) = 60+20 = 80 \ (周)$$
$$T_{ES}(4,6) = T_{ES}(2,4)+t(2,4) = 60+20 = 80 \ (周)$$
$$T_{ES}(6,7) = T_{ES}(4,6)+t(4,6) = 80+30 = 110 \ (周)$$

若紧前工序不止一道,则要选择其中最早可能开工时间与工序时间之和的最大值。例如:

$$T_{ES}(5,7) = \max\{T_{ES}(2,5)+t(2,5), T_{ES}(4,5)+t(4,5)\}$$
$$= \max\{60+40, 80+0\} = 100 \ (周)$$

$$T_{ES}(7,8) = \max\{T_{ES}(2,7)+t(2,7), T_{ES}(3,7)+t(3,7), T_{ES}(6,7)+t(6,7), T_{ES}(5,7)+t(5,7)\}$$
$$= \max\{60+45, 70+18, 110+25, 100+15\} = 135 \,(周)$$

工程（最早）完工时间为：

$$T_E = T_{ES}(7,8)+t(7,8) = 135+35 = 170 \,(周)$$

2. 工序最迟必须开工时间 $T_{LS}(i,j)$

在不影响工程按最早可能完工时间完工的前提下，工序 (i,j) 的最迟必须开工时间记为 $T_{LS}(i,j)$，再迟的话将不能保证工程按期完工。

$$T_{LS}(i,n) = T_E - t(i,n)$$
$$T_{LS}(i,n) = \min\{T_{LS}(j,k)-t(i,j)\}$$
$$k > j(j = 2, 3, \cdots, n-1)$$

最后一道工序的最迟必须开工时间等于工程完工时间减去工序时间。根据例题 2，则有：

$$T_{LS}(7,8) = T_E - t(7,8) = 170 - 35 = 135 \,(周)$$

之前的各道工序的最迟必须开工时间等于它的紧后工序的最迟必须开工时间减去本工序时间，因此有：

$$T_{LS}(2,7) = T_{LS}(7,8) - t(2,7) = 135 - 45 = 90 \,(周)$$
$$T_{LS}(3,7) = T_{LS}(7,8) - t(3,7) = 135 - 18 = 117 \,(周)$$
$$T_{LS}(6,7) = T_{LS}(7,8) - t(6,7) = 135 - 25 = 110 \,(周)$$
$$T_{LS}(5,7) = T_{LS}(7,8) - t(5,7) = 135 - 15 = 120 \,(周)$$
$$T_{LS}(4,6) = T_{LS}(6,7) - t(4,6) = 110 - 30 = 80 \,(周)$$
$$T_{LS}(4,5) = T_{LS}(5,7) - t(4,5) = 120 - 0 = 120 \,(周)$$
$$T_{LS}(2,3) = T_{LS}(3,7) - t(2,3) = 117 - 10 = 107 \,(周)$$
$$T_{LS}(2,5) = T_{LS}(5,7) - t(2,5) = 120 - 40 = 80 \,(周)$$

若紧后工序不止一道，则要选择其中最迟必须开工时间与工序时间之差的最小值。例如：

$$T_{LS}(2,4) = \min\{T_{LS}(4,6)-t(2,4), T_{LS}(4,5)-t(2,4)\}$$
$$= \min\{80-20, 120-20\} = 60 \,(周)$$
$$T_{LS}(1,2) = \min\{T_{LS}(2,7)-t(1,2), T_{LS}(2,3)-t(1,2), T_{LS}(2,4)-t(1,2), T_{LS}(2,5)-t(1,2)\}$$
$$= \min\{90-60, 107-60, 60-60, 80-60\} = 0 \,(周)$$

用记号"▽"把 $T_{LS}(i,j)$ 进行相应的标注，结果如图 4-12 所示。

3. 工序的总时差

工序的总时差是指在不影响整个工程或项目完工时间的条件下，某工序 (i,j) 可以推迟其开工时间的最大幅度。工序的总时差用 $R(i,j)$ 表示。

$$R(i,j) = T_{LS}(i,j) - T_{ES}(i,j) = \triangledown - \triangle$$

式中，▽为工序最迟必须开工时间；△为工序最早可能开工时间。将 $R(i,j)$ 的数值填入图中的"[ ]"处，如图 4-13 所示。

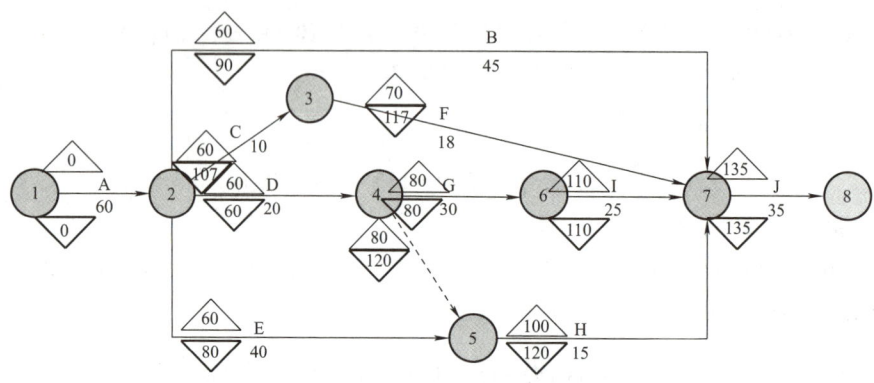

图 4-12 工序最迟必须开工时间的计算

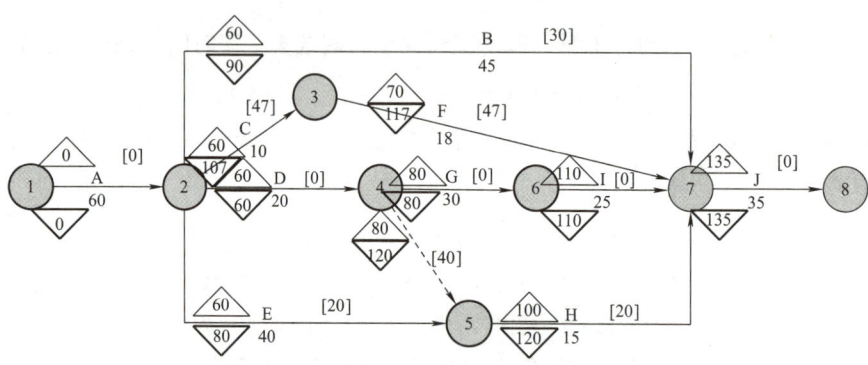

图 4-13 工序总时差的计算

4. 工序的单时差

工序的单时差是指在不影响紧后工序的最早可能开工时间的条件下，此工序可以推迟其开工时间的最大幅度。工序的单时差用 $r(i,j)$ 表示。

$$r(i,n) = 0$$
$$r(i,j) = \min\{T_{ES}(j,k)\} - t(i,j) - T_{ES}(i,j)$$
$$k > j \, (j = 2, 3, \cdots, n-1)$$

将各工序的单时差填入图中的"( )"处，如图 4-14 所示。

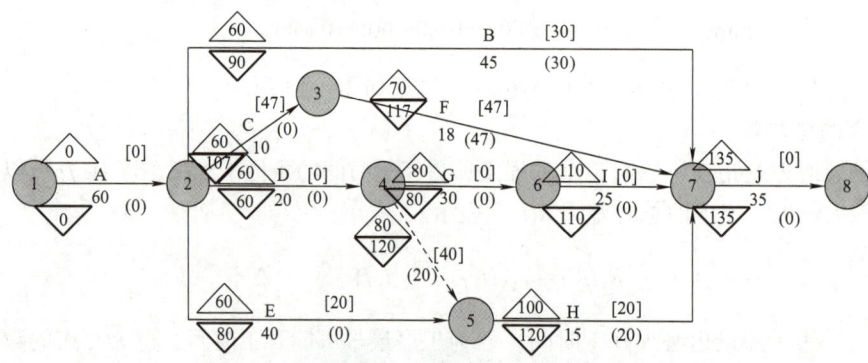

图 4-14 工序单时差的计算

项目四　物流工程项目计划的优化

> **学习目标：**
> 1. 掌握工期优化的方法。
> 2. 掌握费用优化的方法。

通过绘制网络图并计算时间参数，得到的是一个初步的网络计划方案。而网络计划技术的核心在于从工期、成本、资源等方面对这个初步方案做进一步的改善和调整，以求得最佳效果，即为网络计划优化技术。网络计划优化技术一般只是按照某个或两个指标来衡量计划的优劣，如以工期最短为指标的时间优化问题，要求在资源有限的条件下争取工期最短的优化问题，兼顾成本与工期的最低成本日程和最小成本赶工的优化问题等。因此，网络计划优化的定义是在满足既定约束条件的前提下，按照选定的目标，通过不断改进网络计划来寻求最优方案。

网络计划优化的内容包括工期优化、资源优化和费用优化。前文所介绍的时间参数及关键路线是网络计划优化的基础。

一、工期优化

所谓工期优化是指计算工期不满足要求工期时，通过压缩关键工作的持续时间来满足工期要求。工期优化的步骤如下：

1）确定初始网络计划的计算工期、关键路线及关键工序。
2）根据要求工期计算应压缩的时间。
3）确定各关键工序允许压缩的持续时间。
4）选择关键工序，压缩其持续时间，并重新确定网络计划的计算工期和关键路线。
5）重复步骤2~步骤4，直到满足工期要求或工期不能再压缩为止。
6）当所有关键工序的持续时间都已达到其能压缩的极限而工期仍不能满足要求时，应对计划的原技术方案、组织方案进行调整。

对关键工序进行压缩时，应考虑以下因素：

1）压缩持续时间对质量和安全的影响不大。
2）压缩持续时间所增加的费用最少。
3）有充足的备用资源。

【例题3】某网络图如图4-15所示，图中括号外的数字为工序的正常持续时间，括号内的数字为工序的最短持续时间，该网络计划的要求工期为100天。注意，压缩工序4-6需要增加的劳动力较多。试根据要求工期进行工期优化。

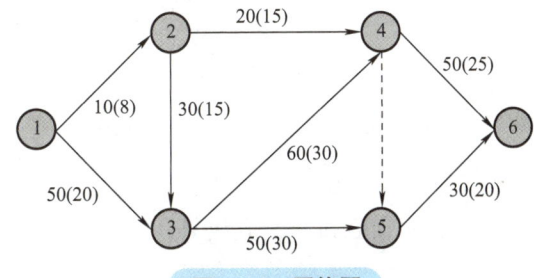

图4-15　网络图

1）计算时间参数，并确定关键路线。结果如图 4-16 所示。

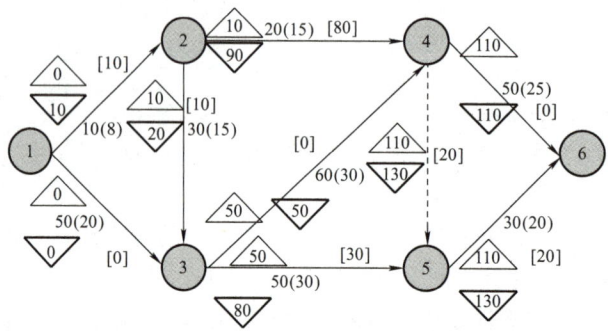

图 4-16　计算时间参数及确定关键路线

2）计算缩短工期。初始网络计划的计算工期为 160 天，需要压缩 60 天。
3）确定各关键工序允许压缩的持续时间（题目已经给定）。
4）选择关键工序，压缩其持续时间，并重新确定网络计划的计算工期和关键路线。

重新计算时间参数，并确定关键路线，如图 4-17 所示。注意，此时关键路线有两条，分别为 1-2-3-5-6 和 1-2-3-4-6。

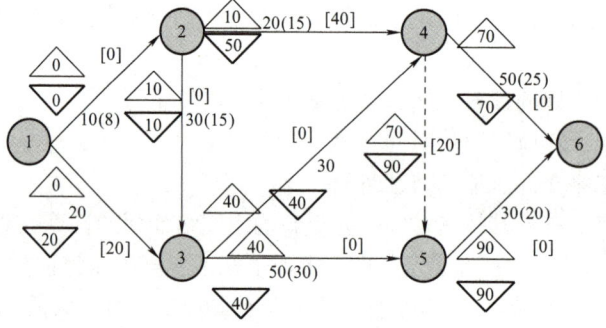

图 4-17　工期优化

5）优化后的计算工期为 120 天，仍比要求工期多 20 天。在两条关键路线中各选一条能够压缩 20 天的关键工序 3-5、4-6，将工序 3-5 压缩至最短持续时间 30 天，将工序 4-6 压缩 20 天。如图 4-18 所示，再次优化后的计算工期为 100 天，满足题目要求。

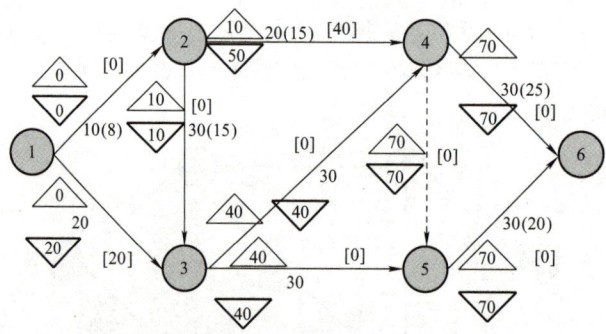

图 4-18　工期再次优化

二、费用优化

工期优化仅仅考虑了网络计划的时间因素，若要达到网络计划的整体最优，还必须对工期和费用进行综合优化，即计算总费用最低的工期。所谓费用优化，即以最低费用为目标来缩短工期。

1. 基本概念

1）直接费用：指直接用来完成工程任务的费用，如直接生产人员的工资、机械设备投资、原材料费、燃料费等。

2）间接费用：指服务于整个工程的费用，如管理人员的工资、办公费、采购费、管理费等。

3）工序正常持续时间：指初始网络计划所规定的工序持续时间。

4）工序最短持续时间：指工序持续时间压缩到极限程度时的持续时间。

5）工序正常时间费用：指利用工序正常持续时间完成工序所需直接费用。

6）工序最短时间费用：指利用工序最短持续时间完成工序所需直接费用。

7）直接费用率：也称为费用增长率，指将工作压缩单位时间所增加的直接费用。

直接费用率＝（最短时间费用－正常时间费用）/（正常持续时间－最短持续时间）

8）工程总费用：正常持续时间的工程总费用＝正常持续时间的直接费用＋正常持续时间的间接费用。

压缩后的工程总费用＝正常持续时间的直接费用＋压缩工期后增加的直接费用＋压缩工期后增加的间接费用

由于随着工期的缩短，直接费用增加而间接费用减少，所以总费用为一条上凹的曲线。因此在正常工期与最短工期之间，必然存在总费用最低的工期。

2. 费用优化步骤

1）从关键工序中选出缩短工时所需直接费用最少的方案，并确定该方案可能缩短的工时。

2）按照工序的新工时，重新计算网络计划的关键路线以及关键工序。

3）计算由于缩短工时所增加的直接费用。

不断重复上述3个步骤，直到工期不能再缩短为止。

【例题4】网络计划各工序的正常工时、最短持续工时以及相应费用见表4-5，正常工时的网络图如图4-19所示。

表4-5 工序时间及相应费用

工序	正常工时		最短持续工时		直接费用率
	时间/天	费用/元	时间/天	费用/元	（元/天）
1-2	24	5000	16	7000	250
1-3	30	9000	18	10200	100
2-4	22	4000	18	4800	200
3-4	26	10000	24	10300	150
3-5	24	8000	20	9000	250
4-6	18	5400	18	5400	—
5-6	18	6400	10	6800	50

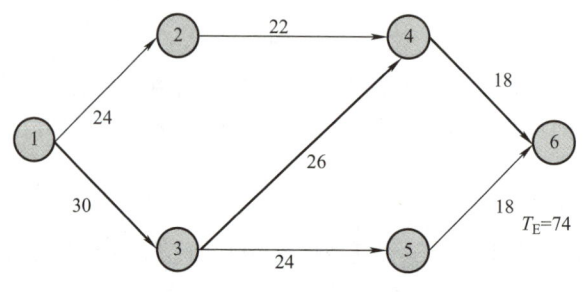

图 4-19　正常工时的网络图

按正常工时从图 4-19 中计算得到总工期为 74 天，关键路线为 1-3-4-6。由表 4-5 可以计算出正常工时情况下总直接费用为 47800 元。设正常工时下，任务总间接费用为 18000 元，工期每缩短一天，间接费用可以节省 330 元，求最低成本日程。

从图 4-19 可以看出，关键路线上的 3 道关键工序 1-3、3-4、4-6 中，工序 1-3 的直接费用率相对最小，应选择在工序 1-3 上缩短工时。将工序 1-3 缩短 12 天，重新计算网络图的时间参数，结果如图 4-20 所示。

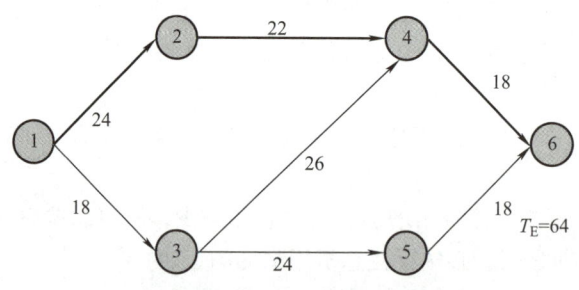

图 4-20　第一次优化后的网络图

工序 1-3 缩短工时后，关键路线为 1-2-4-6，工期为 64 天，实际只缩短了 10 天。故工序 1-3 工时应取 30－10=20 天。重新计算网络图的时间参数，结果如图 4-21 所示。

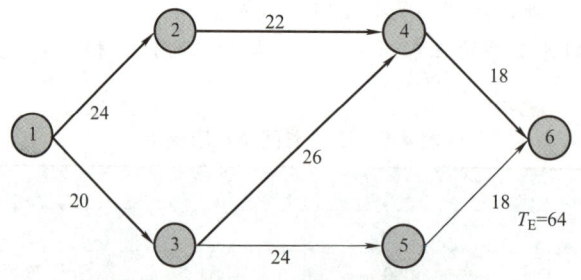

图 4-21　第二次优化后的网络图

重复前面的操作，必须注意两条关键路线应同时缩短。由表 4-5 可知，在工序 1-3 与 2-4 上每同时缩短一天，需费用 100+200=300 元。重新计算网络图的时间参数，结果如图 4-22 所示。

下面继续进行调整。选择费用最小的方案，在工序 2-4 与 3-4 上各缩短 2 天，重新计算网络图的时间参数，结果如图 4-23 所示。

总工期为 60 天，关键路线为 1-2-4-6、1-3-4-6 和 1-3-5-6，所增加的直接费用为 2×350=700

元。由于其中一条关键路线 1-3-4-6 上的各工序工时已经不能再缩短，所以计算结束。

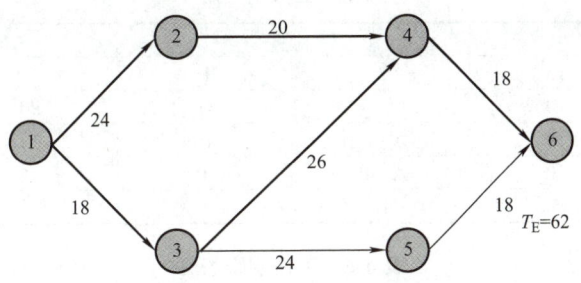

图 4-22　第三次优化后的网络图

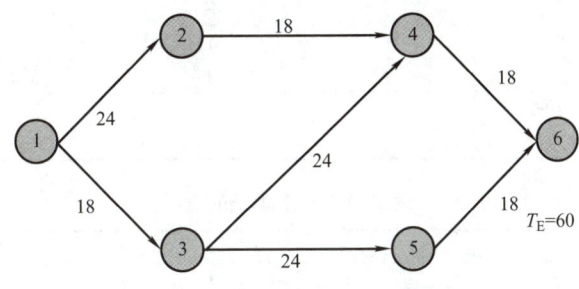

图 4-23　第四次优化后的网络图

全部计算过程及相应费用变化见表 4-6。从表中可知，最低成本日程为 62 天，总成本为 63440 元。

表 4-6　工期优化及费用计算表

计算过程	工序名称	可缩短天数/天	实际缩短天数/天	总直接费用/元	总间接费用/元	总成本/元	总工期/天
0				47800	18000	65800	74
1	1-3	12	10	48800	14700	63500	64
2	1-3、2-4	2、4	2	49400	14040	63440	62
3	3-4、2-4	2、2	2	50100	13380	63480	60

关于最低成本日程的计算步骤，也可用于计算总费用。将每次计算得到的总费用与上一次的总费用进行比较，直到费用不能再降低时即可停止计算。

思考与训练

1. 项目计划制订的原则是什么？
2. 如何进行项目活动时间的估算？
3. 网络图绘制的基本原则有哪些？
4. 试画出表 4-7~表 4-10 的网络图。

表 4-7　工作明细表 1

工作	工时/天	紧前工作	工作	工时/天	紧前工作
A	15	/	F	3	D、E
B	10	/	G	20	C、F
C	10	A、B	H	10	D、E
D	10	A、B	I	15	G、H
E	5	B			

表 4-8　工作明细表 2

工作	工时/天	紧前工作	工作	工时/天	紧前工作
A	3	/	G	6	D、B
B	2	/	H	2	E
C	5	/	I	4	G、H
D	4	A	J	5	E、F
E	7	B	K	2	E、F
F	8	C	L	6	I、J

表 4-9　工作明细表 3

工作	工时/天	紧前工作	工作	工时/天	紧前工作
A	18	/	I	6	D、E
B	6	/	J	15	C、D、E
C	15	A	K	6	I、Q
D	21	A	L	3	I、Q
E	27	B	M	12	L、H、F、G
F	15	B	N	5	P、K、M
G	24	/	P	3	J
H	13	D、E	Q	6	C、D、E

表 4-10　工作明细表 4

工作	工时/天	紧后工作	工作	工时/天	紧后工作
A	6	C、D	H	6	M
B	2	E、F	I	3	/
C	5	J、K	J	1	L
D	7	G、I、H	K	2	M
E	5	G、I、H	L	5	/
F	9	M、I	M	4	/
G	8	M			

5. 绘制表 4-11 的网络图，并计算时间参数，确定关键路线。

表 4-11　工作明细表 5

工作	工时/天	紧前工作	工作	工时/天	紧前工作
A	5	/	F	4	B、C
B	8	A、C	G	8	C
C	3	A	H	2	F、G
D	6	C	I	4	E、H
E	10	B、C	J	5	F、G

6. 已知如下逻辑关系：
1) A 无紧前工作。
2) 工作 G 需在 C 和 D 之后。
3) 工作 L 在 K 之后。
4) 工作 I 在 F、G 和 H 之后。
5) 工作 J 在 E 和 F 之后。
6) 工作 D 在完成 H 后才能开始。
7) 工作 B、C、D 可同时进行，但需在 A 完成之后。
8) 工作 E 和 F 可同时进行，但在 B 完成前不能开始。
9) 工作 I 和 J 完成后 K 才能开始。

试完成以下工作：
1) 填写工作明细表。
2) 绘制网络图。

7. 已知建设一个小型仓库及引道的工作明细表见表 4-12。

表 4-12　建设一个小型仓库及引道的工作明细表

工作代号	工序工程	工序时间/天	紧前工序
A	清理场地，准备施工	10	/
B	备料	8	/
C	仓库地面施工	6	A、B
D	预制墙及房顶桁架	16	B
E	仓库混凝土地面保养	24	D
F	立墙架	4	D、E
G	立房顶桁架	4	F
H	装窗及边墙	10	F
I	装门	4	F
J	装天花板	12	G
K	刷油漆	16	H、I、J
L	引道混凝土施工	8	C
M	引道混凝土保养	24	L
N	清理场地，交工验收	4	K、M

求：
1) 该项工程从施工开始到全部结束的最短周期。
2) 若工序 L 拖期 10 天，对整个工程进度有何影响？
3) 若工序 J 的工序时间由 12 天缩短到 8 天，对整个工程进度有何影响？
4) 为保证整个工程进度在最短周期完成，工序 I 最迟必须在哪一天开工？
5) 若要求整个工程在 75 天内完工，要不要采取措施？应从哪些方面采取措施？
6) 若要求整个工程在 70 天内完工，又知道各工序按正常进度的工序时间与工序的直接费用以及赶工作业的工序时间与工序的直接费用（见表4-13），试确定既保证在70天内完工，又使全部费用最低的施工方案。

表4-13 正常工作与赶工工作工序的时间及直接费用

工作代号	正常工作工序		赶工工作工序	
	时间/天	直接费用/元	时间/天	直接费用/元
A	10	50	6	75
B	8	40	8	40
C	6	40	4	60
D	16	60	12	85
E	24	5	24	5
F	4	40	2	70
G	4	20	2	30
H	10	30	8	40
I	4	30	3	45
J	12	25	8	40
K	16	50	12	80
L	8	40	6	60
M	24	5	24	5
N	4	10	4	10

8. 针对单元二思考与训练第3题的项目，估算每道工序的工作时间，填写工作明细表，绘制网络图，确定关键路线并尝试进行优化。

单元五
物流工程项目成本管理

引 例

2009年2月10日，中国铁建股份有限公司（简称中国铁建）与沙特阿拉伯城乡事务部签署了沙特阿拉伯麦加轻轨项目的合同，中国铁建负责项目的设计、采购、施工、系统（包括车辆）安装调试以及从2010年11月13日起的3年运营和维护（即EPC+O&M总承包模式）。项目合同总金额为66.50亿里亚尔，按2010年9月30日的汇率，折合人民币120.70亿元。在签订合同之前，中国铁建按照当时的工程量评估项目毛利率为8%~10%。

麦加轻轨项目正线长18.25km，其中高架线路为14.3km，设计单向客流量每小时72000人，途经米纳、穆茨达里法赫和阿拉法特山3个主要朝觐地区。全线设车站9座，车辆段、综合维修中心和控制中心各1座，房屋建筑面积约15万m^2，正线路基土石方约778万m^3。麦加轻轨项目施工区域地处高温和特大风沙区，夏季地表的最高温度可达70℃，严重缺水，自然环境十分恶劣。

我国国内同等规模的轻轨项目从设计到运营需两三年时间，在沙特阿拉伯恶劣自然条件下施工周期应该更长，但麦加轻轨项目合同工期仅为22个月，要求2010年11月13日开通运营时达到35%运能，2011年5月完成所有调试，达到100%运能。这个项目不仅是沙特阿拉伯的头号工程，而且被50多个伊斯兰国家关注，是中国铁路建设企业进入伊斯兰国家市场的一项敲门砖工程。

由于工期压力巨大，2010年5月19日，中国铁建发出了"讲政治、讲大局、讲纪律，不讲条件、不讲困难、不讲代价"的号召，要求系统内15家单位支援麦加轻轨项目，确保2010年11月开通运营。高峰期时工程现场有2万人，主要劳动力为在沙特阿拉伯的印度和巴基斯坦劳工，中国铁建派往麦加的中方人员最多时也达到了上万人。

2010年10月，中国铁建发布公告，项目预计总成本160.69亿元，合同损失39.99亿元，加上财务费用1.54亿元，该项目总亏损预计为41.53亿元。总成本增加的主要原因有几个方面：

一是设计环节控制不力。总承包项目签约时只有概念设计，如果不使用自己能控制的设计商，很容易造成成本失控。由于可供选择的分包商较少，中国铁建很难压低分包商价格。另外，选择的国外设计公司对一些材料设备有偏好，大量使用国外的设备增加了采购成本。此外，使用不熟悉的设计公司无法准确估计其成本，加上不熟悉欧洲和当地的施工、验收标准和规范，经常有预想不到的工程量增加。例如，空调最初按照室外温度38℃设计，由于当地中午温度为50~70℃，最后提高到按照46℃设计，标准提高带来了成本增加。

二是业主变更量大。业主在土建桥梁跨越道路形式、结构形式、车站面积、设备参数、功能需求等方面提出新要求，大量指令性变更使部分已完工工程需重新调整，仅土石方开挖就由原来的200万 m³ 变更为520多万 m³，土石开挖成本每立方米超过100元。

三是业主负责的地下管网和征地拆迁等工作严重滞后，导致承包商采取赶工行为。

四是承包商工作安排不合理。会战增加人员后产生大量人工成本。例如正常情况下，浇混凝土的工人先做好一个工作区，然后绑钢筋的工人跟上，同时浇混凝土的工人转到另一个工作区。由于为了赶工增加了一套人马，绑钢筋的工人工作时，浇混凝土的工人只能在旁边歇着。

五是双方关于合同条款的理解存在差异。例如，中国铁建认为开通4个车站就算实现了35%运能，而业主认为应建成9个车站才算，导致赶工与成本增加。

六是中国与沙特阿拉伯文化存在差异。沙特阿拉伯有效工作时间不足，扣除斋月、朝觐等宗教制度、作息习惯和高温影响，实际工期仅为16个月。

通常，如果业主变更合同，承建方在没有拿到新增的工程进度款或变更索赔没有获得业主确认时，承建方有权要求停工，复工时有权要求业主赔偿停工期间的损失。沙特阿拉伯没有提供项目施工的必备条件及支付必要的代价，承建方可以采取停工方式。但中国铁建负责人说，如果项目终止或者无法按时完工，可能会给整个中东市场造成一种中国铁建甚至中国公司没有实力完工的印象，会影响中国公司在中东市场的业务拓展。铁道部成立了由部长担任组长的麦加轻轨项目领导小组，号召举全铁路系统之力进行会战，终于在2010年11月13日顺利通车。

物流工程项目投资通常要动用企业较多资源，付出较大成本，物流工程项目成本管理有着较大的操作空间，为此，成本管理在物流工程项目管理中具有十分重要的作用。在物流工程项目成本管理的过程中，应以物流工程项目达到既定目标和具备应有质量为前提，通过成本管理，实现物流项目成本的合理、有效、节约。

项目一　物流工程项目成本的构成

学习目标：

1. 理解物流工程项目成本的构成要素。
2. 掌握物流工程项目成本管理原则。

扫码看视频

任何一个项目从前期的机会分析、可行性研究、规划设计、招投标、实施到最后的竣工验收都需要消耗资源，资源耗费的货币体现就是项目成本。投资者、承包商和其他重要干系人都很关心成本状况。

项目生命周期各阶段的成本耗费差异很大。项目启动阶段主要是市场调查费、可行性研究费等，项目规划阶段主要是设计费和招投标成本，这两个阶段成本数量较小。项目实施阶段投入资源及劳动力最集中，会发生大量的采购费、研制费、开发费、分包费、人工费等，这些可能占项目总成本的90%左右，此阶段是成本管理的重点。项目成本管理要重点关注项目活动所需资源的成本，同时要考虑项目决策对使用成本、维护成本和支持成本的影响，如减少测试工作可降低项目开发成本，但可能增加运营成本。

一、项目成本的构成要素

项目中各种资源都是需要付费的，如人工费、材料费、设备费、差旅费、分包费等。人工费是为项目工作的各类人员如设计师、工程师、工人等的报酬，包括工资、津贴和奖金。材料费是为实施项目所购买的各种原料、材料的成本。设备费包括设备购置、修理和租赁费等。差旅费是项目期间成员出差发生的交通费和住宿费等。以上费用在不同项目中所占的比例差异很大。例如，软件开发项目投入的主要资源是人力资源，人工成本约占总成本的75%；工程项目中设备及材料费可能高达70%。

从财务角度来看，项目成本分为直接成本和间接成本。直接成本是消耗在项目活动中，对项目产出物有直接贡献的有关成本，包括直接生产工人工资、材料费、设备费等，这些成本可以计入某个具体的工作包，如购买的钢筋、水泥在工程中消耗，它们的采购成本属于直接成本。

间接成本对项目产出物没有直接贡献，无法分摊到特定的工作包，但又是项目组织运转不可缺少的成本，包括管理人员工资、劳动保护费、房屋租金、公用设施、保险费、出资成本（手续费、承诺费、利息）、排污费等。间接费用包括了公司分摊过来的一般管理费用、税金等，这些成本不与特定的项目或工作包挂钩，而在全体项目或特定项目中进行分摊，如公司级的费用在全体项目中分摊，部门的间接费用则分摊给该部门实际参与的项目。间接成本以时间为基础分摊，项目管理费用一般按月或年进行预算，直到项目结束。有些企业在直接成本的基础上按照一个固定的百分比计算间接成本，比例范围是20%~50%，甚至达到100%。

间接成本应控制在尽量低的水平，这是因为间接成本没有给项目带来价值。大多数项目的间接成本是随着项目时间增长的，只要项目还没有完成或者交付，间接成本就会不断发生，甚至在没有任何工作的情况下，或者只有少数人员在进行扫尾工作的情况下，间接成本依然存在。间接费用支出大多在项目经理的职权之外，一般很难由项目经理控制。

项目投资、工程造价与项目成本是易混淆的几个概念，它们的区别见表5-1。

表5-1　项目投资、工程造价与项目成本的区别

概念	定义	区别
项目投资	指投资主体在选定的项目上预先垫付资金，以获得预期收益的经济行为	投资行为具有明确的主体和目标，所有的投资行为都必定有主体
工程造价	指投资主体为获得项目产品需付出的代价，是成本、税金及利润的总和	工程造价是一个中性概念，不强调实施主体，可以指全工程的造价，也可以指分部、分项任务的造价
项目成本	通常是从项目承建者角度来谈的，在合同价格基础上，承建商扣减一定比例的利润后，剩余部分就是项目团队可以支配的项目成本	工程造价与项目成本的差额决定了项目的利润空间

二、物流工程项目成本管理原则

1. 全生命周期最低原则

物流工程项目成本管理的目的是确保项目在批准的成本预算内完成。站在项目经理的角度

看，他首先关心的是完成项目活动所需的成本，只要不超出预算就是完成成本计划了，但客户应该考虑项目交付后的使用成本。如果为了节约项目建设成本而降低设计标准，采用质次价廉的材料，则必然为项目产品的运行和维护留下隐患。

20世纪60年代，西方学者提出全生命周期成本（Life Cycle Cost）理论，要求综合考虑贯穿整个项目建设期与产出物使用期的总成本，全生命周期成本是拥有、运行、维护和处置该项目产品发生的成本在一段时间内贴现值的总和。坚持全生命周期最低原则就是要求项目组织者不能鼠目寸光，要把眼光放长远些。

【案例】ARJ21的全生命周期成本控制

2002年4月，中国新型涡扇支线飞机ARJ21项目正式立项。这是中国第一架拥有自主知识产权的涡扇支线飞机，其适应以中国西部高温高原机场起降和复杂航路越障为目标的营运要求。ARJ21项目采用"异地设计、异地制造"的全新运作机制和管理模式，进行广泛的国际合作，采用了大量国际成熟的先进技术和机载系统，发动机、航电、电源等系统全部通过竞标在全球范围内采购，其中有许多系统零部件、产品在中国生产制造。机体各部分在上海、西安、成都和沈阳4家飞机制造厂生产。2008年11月28日，首架ARJ21-700在上海首飞成功。

ARJ21从开始设计就对全生命周期成本进行严格控制。与同期国外的同类支线飞机相比，ARJ21在航线适应性、舒适性和使用经济性等方面都更具优势。它与150座级干线飞机在具有相近的飞行性能和舒适性的同时，还在驾驶舱人机界面、维护人机界面和相应操作程序方面尽量保持共通性。ARJ21通过采用全生命周期结构设计，注重高可靠性、维修性设计，使飞机的可靠性和安全性得以提高，从而降低了维护成本；采用低油耗先进涡扇发动机，提高了飞机使用的经济性；运用以IT技术为代表的先进研发手段及与国际接轨的生产管理和质量保证体系，在很大程度上降低了研制和生产成本，每架飞机售价仅为2700万~2900万美元。

2. 全面成本管理原则

物流工程项目成本受项目范围、质量、工期、价格和管理水平等因素的影响，必须从多方位进行管理。项目范围界定了完成项目所需要做的工作内容，决定了要消耗的资源数量，从根本上确定了成本发生的数额。项目设计质量标准决定了使用资源的质量、工艺水平、设备水平以及开发的时间，进一步影响了成本。例如，为了提高房屋的抗震等级，把砖混结构方案改为框架结构，这就使得钢材、水泥等材料的投入增加，成本必然上升，如果设计标准降低，则节约不少成本。但质量标准不能无限降低，如果为了降低成本而使质量低到不能满足正常使用，则返工维修、浪费和损失反而会造成总成本上升，甚至出现"豆腐渣工程"，重新建设造成的浪费极大。项目工期越长，不可预见的因素越多，资源涨价的风险越大，越可能导致项目成本增加。项目经理可以通过对资源和成本的精细化管理，合理安排采购和库存，提高设备利用率，减少窝工现象，杜绝质量和安全事故，减少成本消耗。

工期延长的项目通常会超出预算，但也并不完全这样。卡门·莱因哈特发现100个亚洲开发银行资助项目的工期虽然延长，但成本预算并没有花完，成本节约的主要原因见表5-2。

项目成本还受供应链、合作干系人行为的影响，如供应商报价、送货及时性、材料合格率以及设计部门提供的设计方案是否具有合理性和经济性等。如果项目团队训练有素，技能水平满足工作需要，很少犯错，成本就会较低，反之，频繁出现质量差错和浪费则会造成成本增加。因此，成本管理必须坚持全面性原则，即事事人人关系成本。

表 5-2　亚洲开发银行资助项目成本节约的原因

成本节约的原因	项目数量/个
当地资产与货币贬值	40
估计的货物、服务采购和合同价格较高，而实际价格较低	32
国际公开招标	25
较少的应急费用	14
项目范围削减	13
项目设计变更	13
当地税收和利率政策发生变化	12

3. 成本责任制原则

项目总成本确定后，应分解落实到团队和个人，将其作为一项考核的指标，有利于他们重视成本控制。企业应把项目成本作为项目经理的考核指标，项目内部将成本目标逐级分解落实到每个人。项目经理为了控制成本，将成本目标在内部层层分解，每个人缴纳风险抵押金，对节约和超支个人进行奖惩。良好的激励和约束机制会使项目成本计划执行顺利。如果成本责任不落实到个人，成员不是发自内心地积极控制和节约成本，即使项目经理事必躬亲地督促，成本目标也很难实现。

【案例】冷热轧薄板生产线改造项目的成本控制

2009 年 5 月，市场对冷热轧薄板需求持续上升，山南热轧薄板厂决定建设第 3 条热轧薄板生产线。该厂 1#、2# 热轧薄板生产线分别于 2007 年、2008 年自主建设完成。3# 加热炉设备是 3# 生产线的关键设备，总投资预算为 1.2 亿元，工期 1 年。该项目由济钢集团有限公司（简称济钢）设计、鞍钢集团有限公司（简称鞍钢）施工，主体设备原料由全国多家供应商提供。企业在成本控制方面主要采取了以下几项措施：

1）引入新的项目投资管理办法。借鉴鞍钢等企业的先进做法，由设计方、热轧薄板厂共同设计审核 3# 加热炉项目的总投资和投资回收期，把总投资按回收期每年分摊到设计方和生产厂，进行成本和利润考核，当年考核目标和单位收益完成情况与奖励挂钩。增强了设计方与承建商的责任与压力，初步设计施工费用压缩到 1 亿元。

2）总费用与项目部管理考核挂钩。公司与项目部签订项目成本、工期任务目标合同，要求在规定时间内完成项目建设。项目质量保证期为投产后 1 年，如果在此期间出现质量问题，由项目部免费为使用单位维修。

3）过程监督。公司设立项目咨询部与项目监察部。咨询部从设计、招标、施工、结算等方面提供咨询。监察部对施工过程进行监督，及时发现工程中出现的问题。根据项目整体完成结果，公司制定了与咨询部、监察部奖惩挂钩的管理办法。

设计方借鉴 1#、2# 加热炉成功设计的经验，减少了工程图纸设计时间，由原计划的 6

个月压缩为 3 个月，设计费节约 600 万元。在项目主要设备采购中，对于已用设备且质优价廉者，与厂家谈判，续签采购合同，采购成本下降了 20%。其他设备严格按照招标流程，选择最合适的供应商。与承担安装任务的单位签订合同，确定违约管理条款，督促他们完成安装。

4）制定奖励措施。如果工程实施成本控制在预算内，并经 1 年试运行合格，则按照节约成本的 1%～5% 提取项目奖励。这一措施调动了项目管理人员及施工人员节约成本的积极性。

通过采取以上措施，2010 年 6 月加热炉设备建设项目竣工并通过验收，决算总投资为 0.9 亿元，比预算节约 0.3 亿元，在成本控制方面交出了优异的答卷。

4. 事先控制优先原则

如果整个项目结束时发生成本超支，从项目效率角度来说，该项目是失败的。应尽可能提前预测成本趋势，在发现成本微小偏差后及时采取措施，以免偏差扩大而产生不可收拾的后果。在项目过程中成本超支时，若从其他活动预算中"拆东墙补西墙"会影响任务的进度和质量。例如，项目经理发现近期材料价格持续上涨，为了减少物价上涨对后期采购的影响，应提前备货，增加库存量。

项目二　物流工程项目成本估算

> **学习目标：**
> 1. 掌握成本估算的方法。
> 2. 理解项目储备分析的含义和内容。
> 3. 掌握影响成本估算精度的因素。

物流工程项目成本估算是根据项目资源计划所确定的资源需求及市场上各种资源的价格信息对成本进行的估计。项目成本估算、预算、工作分解结构和进度计划是密切联系的，在理想的情况下，项目成本估算应基于工作分解结构在工作包级别上制订。进度计划决定了费用与现金流速率，有限的资金也决定了活动的进度安排。成本估算是进行成本预算编制的基础，估算结果决定了项目的财务命运。承包商成本估算过高可能丧失很好的中标机会；成本估算太低，获得合同后会发生亏损，项目团队可能粗制滥造，也可能创造条件增加工程签证或设计变更。

一、成本估算方法

成本估算的依据是项目范围说明书、工作分解结构、项目进度计划、人力资源计划、风险登记册和市场价格信息等。成本估算有粗略的经验型方法，也有较精确的定量方法，对于成本要求精度高的项目，成本估算人员必须采取适当的方法给出可靠的估算结果。常用的方法有以下几种。

1. 专家意见法

专家意见法是指成本估算专家运用专业方面的经验对项目的成本进行估算。此处专家是指具有专门知识或经过培训的团体或个人，如相关技术人员、采购人员和管理人员等。专家意见法是当信息不全面、无法进行详细的成本估算时采取的经验型方法，一般用于项目概念阶段或定义尚不明确的项目。例如，某市要搞一个绿化广场，政府需知道大体投资数额，此时可以由项目专家粗略估算一个成本。

2. 类比估算法

类比估算法是将以前类似项目的成本数据作为依据估算新项目的成本，根据新旧项目之间的差异对估算值进行调整，该方法也可以用于工作包成本的估算。类比估算法实质上也是专家意见法，通常在项目初期或是信息不足的时候采用。项目经理要尽量多地使用各个指标的值，例如项目类型、产品功能、设计特征、项目规模等。如果用于比较的项目是几年前完成的，还应根据物价变化情况加以修正。

3. 参数估算法

参数估算法是利用历史项目数据建立定量模型来估算新项目成本的方法，历史项目的关键指标可以是物理特征，如面积、体积、重量或容量，也可以是性能特征，如速度、产出率、强度等。利用统计软件建立成本与参数之间的多元回归模型，如果模型经过检验是成立的，就可以进行新项目成本的预测。

4. 基于工作包估算法

基于工作包估算法是根据项目工作分解结构确定的工作包自下而上估算成本，这是最准确的估算方法，与实际成本存在5%左右的偏差，当然，投入估算的精力也很大。操作步骤如下：

1）估算工作包各活动的成本，包括人工成本、材料和设备成本。项目中有定额标准时，成本估算较容易，如粉刷1m²墙面有标准的工时量和人工价格。估算活动的材料数量和成本是由类似项目、标准手册、参考资料或个人经验共同确定的，项目中不标准的任务越多，经验性的估算内容就越多，误差也相对大一些。

2）将工作包成本估算结果提交活动负责人检查，然后进一步提交给可交付物负责人汇总与检查。

3）项目经理汇总所有主要交付物估算成本，加上管理费和储备金等，得到整个项目的总成本。

基于工作包估算法是一种参与式管理方法，一线项目人员对资源的需求状况有着更为准确的了解，他们参与估算工作不仅使估算结果更可靠，也有助于成本预算被业主接受，有利于提高工作效率。一线项目人员估算成本的最大缺陷是其可能出于自我保护倾向而增加估算的水分，他们担心项目经理会削减他们的预算，不希望因实际成本超过预算成本而受到惩罚，而是希望节约预算而获得奖励。

5. 工程量清单法

工程量清单是合同的重要组成部分，在合同中工程量清单通常是独立成册，它是投标报价时计算标价的主要基础，也是承包商通过咨询工程师与业主核算工程款的重要依据，还是作为评估工程变更和工程结算的依据。工程量清单法的思路是根据详细施工图确定工程量，获取每个资源的单价后计算总的价格。工程量清单通常分为若干子项，以房建项目为例，一般按工序划分子项，如清理现场、土方开挖、混凝土工序、砌砖工序、防水工序、屋面工序、木工工序、勾缝工序、钢结构、给排水管道、抹灰工序、水电、油漆、外装修、内装修和围墙等。我国自2003年开始推行工程量清单法，淘汰了定额估算价格的做法。表5-3为某物流中心办公楼基础工程工程量清单。

表 5-3　某物流中心办公楼基础工程工程量清单

序号	名称	计量单位	工程量	单价/元	合计/元
1	人工	工日	2400	45	108000
2	土石	立方米	1200	60	72000
3	混凝土	立方米	200	320	64000
4	砂浆	立方米	10	210	2100
5	机砖	千块	10	200	2000
6	黄土	立方米	2000	15	30000
7	打夯机	台班	100	30	3000
8	挖土机	台班	15	230	3450
9	推土机	台班	3	300	900
合计					285450 元

二、储备分析

在整个估算过程中都应该在估算结果中加入不可预见费，用于弥补估算误差、遗漏和不确定性发生的需要。安排不可预见费的原因是项目活动衔接的成本在估算时被忽略、"正常情况"在现实中往往不存在、项目会出现失误或意外事件、项目范围和计划难免会出现变更，这些因素发生后都会使成本增加。如果在估算基础上增加必要的不可预见费，将减少实际成本超支的可能性。一般来说，情况越不明确或复杂，不可预见费就越多，规模和数量取决于项目的新颖度、时间和成本估算精度、技术复杂性、范围变动大小以及未预见问题等。不可预见费可以加入到各个活动或工作包中，或者加入整个项目中。

储备分析分为预算储备和管理储备两类。预算储备也称应急储备，是为未规划但可能发生的变更提供的补贴，这些变更由风险登记册中所列的已知风险引起。经验表明某些风险很可能发生并引起成本增加，如设计变更、天气原因引起延误、人员流失等。如人员流动率平均为10%，这是一个已知的风险事件，应安排相应的招聘与培训活动成本计划，在成本估算中加上这部分内容。加上预算储备的成本估算值称为基础估算。管理储备是针对未规划的未知风险事件做出的准备，这些风险不能确定是否发生也无法查明或估计，如供应商破产、市场或竞争环境变化等。管理储备不是成本基准的一部分，但包含在项目总预算中，项目经理使用管理储备需要获得批准，管理储备不参与挣值计算。除了预算储备与管理储备外，企业还可能留出额外的超支准备金以补偿可能发生的超额损失。把这部分加入到最可能成本中，得到的估算结果应使成本超额的概率下降到10%以内。超支准备金由公司控制，未经公司批准，项目经理不得随意使用。项目成本估算与不可预见费示例见表5-4。

表 5-4　项目成本估算与不可预见费示例　　　　　　　　　　　（单位：元）

活动项目	成本估算值	预算储备	基础估算	管理储备	最可能成本	超支准备金
设计	5000	500	5500	1000	6500	500
编写代码	9000	800	9800	2000	11800	8000
测试	2000	200	2200	600	2800	300
小计	16000	1500	17500	3600	21100	8800

项目成本估算不是一门精确性的学问，需要在尊重事实的基础上，灵活看待和应用估算结果。成本估算精度受多种因素影响：

1）资料丰富程度。首先是项目工作进展和资料丰富程度。在项目的前期阶段，估算结果与实际成本偏差较大；工作进展越深入，资料越丰富，则估算精度越高。

2）物价水平波动状况。如果项目执行期间物价水平波动较大，则项目成本估算的难度加大，准确性也会下降。

3）估算人员的知识水平和经验。例如，人工费依赖估算者的主观经验来判断工作量，确定有效工作时间比率，乐观人员对工作任务的估算会低于实际成本，悲观人员对工作任务的估算会高于实际成本，应在他们估算的基础上进行必要的修正。

4）学习曲线影响。由于人们具有学习能力，做事的熟练程度与质量将随着重复次数提高，一件相同的事情做过多次之后，熟练程度一般会明显提高，完成任务的速度会加快。理想状态时，在生产了一定量的产品之后，接下来生产产品所需的时间会以一个固定的比率减少。产量增加一倍时，单位产量需要的工作时间与上一次的比例称为学习率。学习曲线使得历时估算发生变化，人工成本和设备租赁成本等按时间计算的成本随之变化。

学习曲线适用于劳动力数量较多、工期长的项目，短期项目中学习曲线可能产生不了作用；学习曲线还适用于重复性任务，因为重复劳动可以提高效率。需要注意的是，员工达到熟练操作水平时，时间就基本稳定下来，很少能再缩短，因此，学习率不能无限推广。

项目经理应根据项目所属行业、公司预算管理的要求、项目管理历史经验、过去完成的类似项目、项目成本管理人员的能力、对待成本的容错成度、要求给出估算结果的时间等来确定项目成本估算方法。

项目三　物流工程项目成本预算

学习目标：
1. 掌握确定目标成本的方法。
2. 掌握编制成本预算的方法。

制定预算是汇总所有单个活动或工作包的估算成本，建立一个经批准的成本基准的过程，即将批准的项目总成本估算分配到各项具体活动与工作中，作为测量项目实际执行的成本基准。项目预算决定了用于项目的资金，将根据批准的预算来考核项目成本绩效。

编制项目成本预算的依据是活动成本估算、项目工作分解结构、项目进度计划、资源日历、项目风险管理计划、合同等。活动成本估算是确定各项活动与工作预算的主要依据；项目工作分解结构帮助确定预算的分配；项目进度计划是预算按时间分解的依据；资源日历确定了各阶段的资源成本。

一、确定目标成本

在项目成本管理过程中采用目标成本管理的方法设置目标成本，并以此作为成本预算。确定目标成本是成本计划的核心，是成本管理所要达到的目的。确定目标成本的方法有目标利润法、技术进步法、按实计算法等。

1. 目标利润法

目标利润法是根据项目产品的销售价格扣减目标利润后得到目标成本的方法。在承包商获得了承包合同后，公司从中标价中减去预期利润、税金、应上缴的管理费用等，剩下的就是在施工过程中所能够支出的最大限额，即基本的总目标成本。承包商在投标前进行成本估算，确定投标报价的基础，并结合竞争情况、自身优势与项目难度等因素确定最后报价数字。项目团队节约成本则公司可以获得更多的利润，成本超支则会侵蚀公司的利润甚至导致项目亏损。

2. 技术进步法

技术进步法是指以项目计划采取的技术组织措施和节约措施所能取得的经济效果作为项目成本降低额，计算项目目标成本的方法，即

$$项目目标成本 = 项目成本估算值 - 技术节约措施节约额$$

例如，某会议室装修项目按照施工计划工程量，以工程量清单法估算成本为 11 万元，采取新技术、新工艺后可以节约 1 万元，则项目的目标成本为 10 万元。采取技术进步法能够为企业节约成本或创造更多的项目利润，为了鼓励项目团队采取新技术的积极性，可以提取部分节余作为奖励。

3. 按实计算法

按实计算法是以项目的实际资源消耗分析测算为基础，根据所需资源的实际价格，详细计算各项活动的目标成本。人工费、材料费、机械使用费的目标成本分别由劳资人员、材料人员、机管人员计算。其他直接费用的目标成本可由生产和材料人员共同计算，间接费用的目标成本由财务人员根据项目部职工平均人数、按历史成本的间接费用、压缩费用的措施和人均支出数进行测算。确定目标成本的步骤如下：

1）根据已有的投标、预算资料，确定中标合同价与施工图预算的总价格差。
2）根据技术组织措施预测项目节约数。
3）对施工计划未包括的有关活动和管理费用，参照定额加以估算。
4）对实际成本可能明显超出或低于定额的主要子项，按实际支出水平估算出与定额水平之差。
5）考虑不可预见因素、工期制约、风险、价格波动等因素的影响，得出综合影响的系数。
6）计算项目目标成本。目标成本确定以后应分解落实到各职能组或个人。

二、编制成本预算

项目成本预算总额确定后，通常可以按项目构成层次、成本构成要素、项目进度计划或上述标准的组合进行分解。基本分解方法是自上而下、由粗到细，将项目成本依次分解、归类，形成相互联系的分解结构。自上而下分解是假设高级管理层具有丰富的项目经验，能正确地估算项目风险，他们估算出项目总体成本和主要工作包的成本，然后分解到下一级职能组，这些小组能够收集到更具体的信息，继续将成本分解到每个工作包或任务，使项目成员清楚每个任务的具体成本。

按项目构成层次分解是指将总预算分解到子项目、主要交付物、最低级交付物、工作包或工作单元上。按成本构成要素分解是指将总预算分解为直接费、间接费，再进一步分解为人工费、材料费、机械费、管理费等内容。按项目进度计划分解是指将项目预算分解到年、月、周或日，以便将资金的应用和筹集配合起来，减少资金占用和利息支出。这 3 种预算分解方式可

以独立使用，也可以综合使用。

> **【案例】** 会议室装修项目的预算分析
>
> 某物流中心装修一间会议室，其面积为180m^2，根据装修质量、功能、设备等要求，公司确定了10万元的目标成本。项目交付物为方案设计、采购、施工、检测4部分，根据工作量和资源消耗程度，分别安排了12000元、65000元、20000元、3000元的预算。4个主要交付物组长进行了二次预算分配，如采购组长安排材料采购费为35000元，家具、电器采购费为30000元，如图5-1所示。

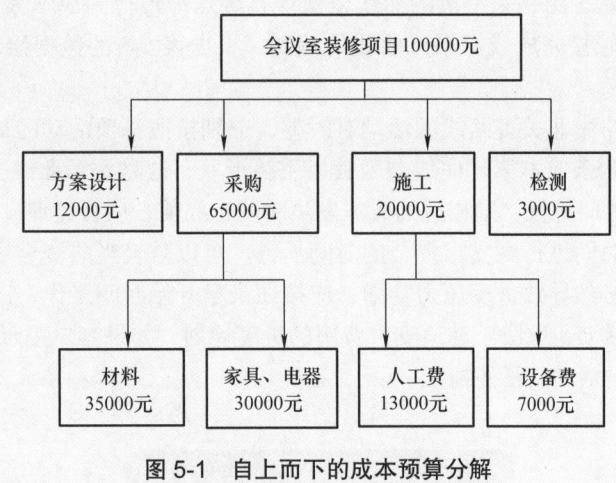

图5-1 自上而下的成本预算分解

总成本按照工作分解结构逐级向下分配时，可能出现下层人员认为成本不足、难以完成相应任务的情况，如果不能与管理人员进行有效沟通会拖延项目的进度，造成成本的浪费甚至导致整个项目的失败；也可能会在组织内部产生摩擦，高层经理与基层管理者或者部门之间为了争夺预算而产生不满和冲突。

项目成本预算应覆盖整个项目周期，在总成本分解到交付物、活动或任务后，必须根据进度计划继续分解，做出每个时间的预算计划。假设会议室装修项目要求15天完成，计划方案设计3天、采购4天、施工11天、检测3天，按照进度计划将各项预算分解到每一天，见表5-5。

表5-5 会议室装修项目预算表　　　　　　　　　　　　　（单位：千元）

活动	预算	日期													
		1日	2日	3日	4日	5日	6日	7日	8日	9日	10日	11日	12日	13日	14日	15日
方案设计	12	3	5	4												
采购	65				10	10	20				25					
施工	20				2	2	2	2	2	2	2	2	2	1	1	
检测	3													1	1	1
合计		3	5	4	12	12	22	2	2	2	27	2	2	2	2	1
累计		3	8	12	24	36	58	60	62	64	91	93	95	97	99	100

表5-5中的"合计"是当日各项活动预算之和，"累计"是从第1天起进行预算的累加，到

第 15 天项目结束时的累计总额就是项目的总预算。按照时间分解后，既界定了每个交付物的成本，又确定了每天的成本，大大便于成本的筹集与使用控制。

项目预算表是一种简单的成本预算表现形式，将人员成本、分包商和顾问成本、专用设备和工具成本、原材料成本等信息在一张表中综合展示出来，明确每个资源使用的起止时间、数量及预算成本，便于管理者进行资源和成本的分配以及跟踪控制。

可以将按进度计划编制的项目成本预算绘制成直方图或者成本累计曲线，直观地将成本预算展示出来。成本累计曲线的编制步骤是：首先建立直角坐标系，横轴表示项目工期，纵轴表示项目成本；其次，按照一定的时间间隔累加各时间段内的支出，在坐标轴中确定出各时间点对应的累计资金支出量，用一条平滑的曲线依次连接各点即可得到成本累计曲线。利用 Excel 或项目管理软件可以轻松完成成本累计曲线的编制。根据表 5-5 的数据绘制出成本累计曲线，如图 5-2 所示。

我们知道项目网络中非关键路线的活动有时差，分别按照每项活动的最早开始时间或最迟开始时间，可以做出两条成本累计曲线，因其呈香蕉形状，故称香蕉曲线，如图 5-3 所示。如果活动按照最早开始时间进行，则相应的成本发生时间也提前，项目经理应安排资金提前到位；反之，按照最迟开始时间进行则支出资金的时间后移，可以减轻当前资金压力。对于不确定的活动，有意减少时差必然导致进度压力陡增，应按照最早开始时间工作，以时差抵消有可能出现的延误。是否拖延活动还取决于客户支付费用的进度计划，如果客户按照完工阶段支付费用，则对完工有重要关系的活动就不能拖延。

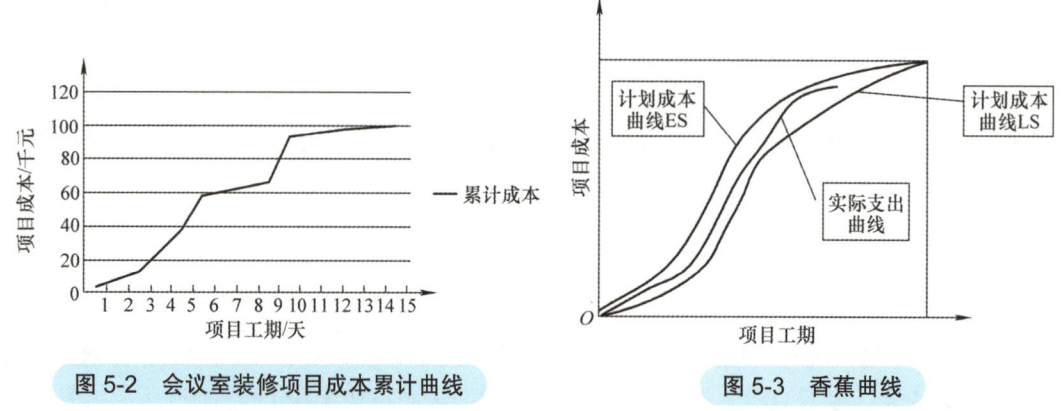

图 5-2　会议室装修项目成本累计曲线　　　　图 5-3　香蕉曲线

项目经理需要保持一个正向的现金流，项目收入与支出之间的差异应较小，保持来自客户的收入与人工、分包商、材料和设备费之间的平衡。成本预算计划是项目经理现金需求的重要依据。预算中所示的成本反映的是材料需要时的成本，而不是实际支出时的成本，实际费用发生的时间一般不对应于预算中的时间，而是稍晚一些。

【案例】某物流中心多功能厅建设项目的预算分解

根据多功能厅建设项目总投资额及各工作内容的成本估算，确定每个活动的预算计划，并根据进度计划将成本预算分解到每个月度，制订月度成本预算计划，以便进行项目成本控制和管理。部分预算表见表 5-6。

表 5-6　多功能厅建设项目月度费用预算表（部分）　　　（单位：万元）

任务名称	预算	2018年 9月	10月	11月	12月	2019年 1月	2月	3月	4月	5月	6月	7月	8月	9月	10月	11月	12月	2020年 1月	2月
土建设计招标	15	3	5	5	2														
土建设计方案	25				2	3	2	3	2	3	2	3	2	3					
土建初步设计	40														8	7	7	8	7
施工图设计	60																		
钢结构外立面设计	40																		
声学设计招标	15														5	5	5		
声学设计报告	80																		12
土建设计变更	5																		
机械方案设计	10																		
机械详细设计	20																		
灯光方案设计	5																		
灯光详细设计	10																		
音响方案设计	10																		
音响详细设计	20																		
装修设计招标	20																		
装修方案设计	30																		
装修初步设计	45																		
施工图设计	55																		
每月费用预算		3	5	5	4	3	2	3	2	3	2	3	2	3	8	12	12	13	19
累计计划工作预算成本		3	8	13	17	20	22	25	27	30	33	35	38	40	48	60	72	85	104

编制按时间进度的成本预算通常可利用项目网络图进一步扩充而得到，即在建立网络图时，一方面要确定完成各项活动所需的时间，另一方面要确定完成这一活动的预算。但将项目分解为能够方便地表示时间与成本支出预算的活动是不容易的。如果项目分解程度对时间控制合适的话，对成本支出预算可能分解过细，编制网络计划时应充分考虑时间控制和成本支出预算对项目分解的要求。

项目成本预算制定完毕后，为了保证预算准确可靠，应对不准确之处进行调查，如价格信息失真或资源数量有水分，应在取得新数据后对预算进行调整。如果发生了较大的项目环境变化，影响了整个成本预算的准确性，如材料大幅涨价或国家税法调整，应对预算做出综合调整。

项目四　物流工程项目成本分析

学习目标：

1. 理解物流工程项目成本核算的步骤。
2. 掌握综合成本分析方法。
3. 掌握目标成本差异分析方法。

为了及时进行物流工程项目成本控制，必须不断掌握实际成本的支出情况，即及时进行成本核算。物流工程项目成本核算过程分为4个步骤：

1）录入资源使用数量。包括各分项工程中消耗的人工、材料、机械台班及费用的数量，这是成本控制的基础工作，有时还要对已领用但未用完的材料进行估算。

2）度量本期内工程完成状况。已完成工程的度量比较简单，而跨期的分项工程的度量较为困难，度量的准确性直接关系到成本核算、成本分析和预测剩余成本的准确性，应尽量减少人为因素的影响，避免项目成本的大起大落。

3）对项目管理费及公司管理费进行汇总、核算和分摊。

4）进行各分项工程及总工程的各个费用科目核算及盈亏核算，编制工程成本核算报表。

在上面的各项核算中，许多开支是经过分摊进入分项工程成本或工程总成本的。分摊时要选择一定的经济指标，按比例核算。

一、综合成本分析

项目成本分析就是利用本期成本数据与预算成本数据进行比较，对成本预算执行情况做出评价，分析成本差异或成本变动的原因。通过成本分析考核与奖惩制度挂钩的做法，可以提高员工节约成本费用的积极性，也可以与其他项目的成本数据比较，以判断本项目成本管理的水平。

成本分析的重点是研究影响项目成本变动的主要因素。一是外部市场因素，包括项目规模和技术装备水平、项目专业化和协作水平，这些因素短期内难以改变，也超出了项目经理的控制范围。二是项目管理因素，如员工技术水平和操作熟练程度、直接材料的消耗水平、能源和设备利用率、质量水平、劳动生产率、人工费用水平等因素。

项目成本分析常用综合成本分析法。综合成本是指涉及多种生产要素并受多种因素影响的成本费用，如分部或分项工程成本、月度成本、年度成本等，这些成本是随着项目进展而逐步形成的。

1. 分部或分项工程成本分析

分析的方法是比较预算成本、目标成本和实际成本，分别计算实际偏差和目标偏差，分析偏差产生的原因，寻求成本节约途径。工程项目的预算成本来自施工图预算，目标成本来自施工预算，实际成本来自施工任务单的工程量、实耗人工和限额领料单的实耗材料。主要分部或分项工程必须从开工到竣工进行系统的成本分析。

2. 月度成本分析

这是项目定期的成本分析，可以及时发现问题，以便按照目标成本进行监督和控制。对于时间长的工程项目，还要依据月成本报表进行年度成本分析。每月进行进度状态和成本状态分析，成本费用的分类要与成本预算一致，以便分析对比。

【案例】某物流中心 ERP 项目的成本分析

表5-7是某物流中心ERP项目2019年3月的成本分析表，当月计划完成297800元预算，实际完成287300元，少支出10500元。结合实际进度信息和完成的工作量，分析支出减少的原因。

表 5-7　某物流中心 ERP 项目 2019 年 3 月的成本分析表　　　　（单位：元）

项目名称	某物流中心 ERP 项目		
本月计划量	297800	实际完成量	287300
项目	月计划成本	实际成本	成本偏差
人工费	120000（10 名工程师 + 2 名顾问 + 项目经理）	120000	0
设备费	150000（12 台商用计算机 + 1 台服务器）	142000	8000
材料费	5000（搭建局域网耗材）	3800	1200
通信费	3000（手机、电话费）	3500	−500
招待费	7800（合作方招待费）	6000	1800
住宿费	12000（房租）	12000	0
本月合计	297800	287300	10500

在复杂的大型项目中，为了加强成本控制，往往每周或每日都要填写成本报表，以便及时掌握项目成本使用情况并及时发现存在的各种问题。成本日（周）报表一般是针对重要项目和进度快的项目，通常只记人工费、机械费和产品数量。

成本累计曲线法广泛用于成本分析。计划成本曲线作为比较基准，收集实际支出数据，在同一坐标中绘制出实际成本曲线，在成本执行情况理想状态下两条曲线应重合，如果存在偏差，说明成本计划执行有异常。如图 5-4 所示，第 4~10 日实际成本略低于计划成本，11 日后实际执行情况与计划成本吻合。此时，应分析偏差的原因，判定是否正常，然后决定是否采取处理措施。香蕉曲线也是控制方法之一。有时差的项目活动可能根据实际情况选择最早开始、最迟开始，或者在时差中的某个时间开始，成本发生的时间相应变化，实际成本曲线与计划成本曲线不重合，而是徘徊在两条计划成本曲线之间。如果超出了两条计划成本曲线的范围则是出现了异常，管理者应加以警觉，分析可能的原因，采取改进措施。

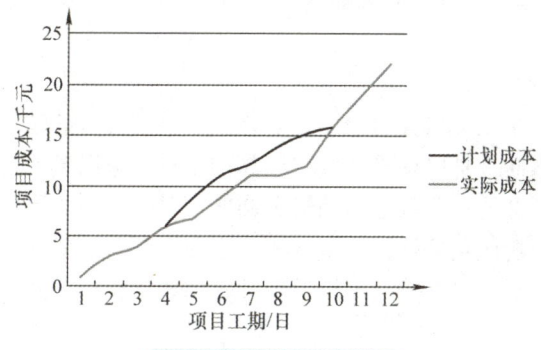

图 5-4　成本累计曲线

采用成本累计曲线法的局限性是很明显的。一是它仅仅从累计成本的角度判断是否超支，没有考虑进度信息。在实际项目工作中，如果完成任务的速度提前，相应的成本也必然提前发生，此时并非超支。如果进度延误，某时刻的实际成本会低于计划成本，此时并非节约。二是实际成本包含了关键路线与非关键路线活动消耗的成本，依靠成本数据不能得出进度是提前还是落后的结论。

在月度成本分析表的基础上编制项目成本分析报告，以工程项目为例，成本分析报告主要包括以下内容：

1）主要消耗材料的用量分析、月度技术措施对成本的影响分析。依据工程部提交的材料需求计划，追踪其实际的执行状况。

2）本月进度计划完成情况分析、月度工程统计分析数据分析。特别是就未完成情况，要分析原因，采取措施，落实整改。

3）施工产值完成情况、工程分包统计分析。目的在于核定项目收入。

4）辅助材料、租赁周转材料、自有周转材料、现场和库存材料状况、租赁机械用量分析。

5）人工及劳务分包数据分析。

6）现场经费分析、临时设施费摊销分析和项目总盈亏分析等。

7）成本超支的原因分析。

经过对比分析，如发现某一清单细目或作业已经出现成本超支，或预计最终将会出现成本超支，要进行重点分析。

> **【案例】某公路建设项目成本超支的原因**
>
> 某公路建设项目成本超支的原因有以下几方面。一是原成本计划数据不准确，估价错误，预算太低，分包队伍报价超出预期的最高价。二是国家相关政策的变化，上级和业主的干扰，通货膨胀带来的物价上涨，阴雨气候和自然灾害等的影响。三是实施管理中的问题，如不适当的控制程序造成预算外开支过大；成本责任人没有尽到成本控制的责任，缺乏成本管理方面的知识和经验，激励措施不到位；劳动效率低，工人频繁地调动，施工组织管理混乱；采购了劣质材料，材料消耗增加，浪费严重，发生事故，造成返工，周转资金占用量大，财务成本高；合同不能有效履行而产生赔偿。四是工程范围增加，设计变更，功能和建设标准提高，工作量较计划大幅增加等。

3. 竣工成本综合分析

如果施工项目只有一个成本核算对象，则以该成本核算对象的竣工成本资料作为成本分析的依据。有多个单位工程而且是单独进行成本核算的项目，应以各单位工程竣工成本分析资料为基础，再加上项目经理部的经营效益（如资金调度、对外分包等所产生的效益）进行综合分析。单位工程竣工成本分析应包括竣工成本分析、主要资源节约或超支对比分析、主要技术节约措施及经济效果分析。通过以上分析了解单位工程的成本构成和降低成本的方法，对成本管理有参考价值。

二、目标成本差异分析

目标成本差异是指实际成本脱离计划成本的差额，分析的目的是找出产生的原因，从而尽可能地降低成本。目标成本差异分析一般从项目成本构成要素入手。

1. 人工费分析

人工费包括直接人工费和间接人工费。直接人员是指在项目中承担了具体工作包任务的人员，间接人员是指不对项目产出物有直接贡献的人员。人工费主要由人员数量和加班费决定。项目中应分析是否存在冗员，避免因人浮于事而产生的人工成本。同时要合理控制加班现象，降低因加班引起的支出。

2. 材料费分析

材料费分析是对主要材料、结构件和周转材料使用费以及材料储备进行分析。主要材料和结构件的费用受价格和消耗数量影响，材料价格受采购价格、运输费用、途中损耗等因素影响，材料消耗数量受操作损耗、管理损耗和返工损失等影响，可在价格变动较大和数量异常时再进行深入分析。由于项目中很多周转材料和设备是租赁的，周转利用率和损耗率决定了费用，周转慢意味着租赁费支出增加，损耗超过规定的比例要赔偿。

对材料储备的分析包括材料采购保管费分析和材料储备资金分析。材料采购保管费属于材料的采购成本，包括采购保管人员的工资、办公费、差旅费以及采购保管过程中发生的固定资产使用费、工具使用费、检验试验费、材料整理及零星运费和材料物资的盘亏及毁损等。材料储备资金是根据日平均用量、材料单价和储备天数（即从采购到进场所需要的时间）计算的，材料储备资金的分析可以应用因素分析法，选择运距短的供应单位，尽可能减少材料采购的中转环节，缩短储备天数。

3. 设备使用费分析

设备的租用有两种情况：一种是按产量承包并计算费用，如土方工程，项目经理只需按实际挖掘的土方工程量结算费用，而不必过问挖土机械的完好程度和利用程度；另一种是按使用时间结算，如果设备完好率差或调度不当会影响利用率，从而延长使用时间，增加使用费用。

由于项目的特点，在工序搭接上会出现某些施工间隙，影响设备的连续作业，有时因为加快施工进度，设备需要日夜不停地运转，因此经常出现设备利用率高低不均的现象。但是即使利用不足台班费依旧照付，这将增加设备使用费支出。应加强设备的平衡调度，保持设备的完好率，保证设备的正常运转。

此外，还有其他直接费分析，如二次搬运费、水电费、临时设施摊销费、生产工具使用费、检验试验费、场地清理费等。

项目五　物流工程项目成本控制

> **学习目标：**
> 1. 理解物流工程项目成本控制的方法。
> 2. 使用挣值法进行物流工程项目成本的控制。
> 3. 理解物流工程项目成本控制的措施。

物流工程项目成本控制是控制项目预算的变更并及时做出调整以达到控制目的的过程，是采用一定方法对项目全过程消耗的各种费用的使用情况进行管理的过程。

一、成本控制方法

1. 目标成本控制法

目标成本控制法是应用目标管理的原理对项目成本进行控制的一种方法。它以项目的目标利润和所能接受的销售价格为基础，根据先进的消耗定额和计划期内能够实现的成本降低措施及其效果为控制因素，改变了以实际消耗为基础的传统成本控制观念，增强了成本控制的预见性、目的性和科学性。

2. 偏差控制法

偏差控制法是在计划成本的基础上，通过成本分析方法找出计划成本与实际成本间的偏差，并分析产生偏差的原因与变化发展趋势，进而采取措施以减少或消除偏差，实现目标成本的科学管理方法。

3. 定额成本控制法

定额成本控制法是以定额成本作为控制和分析成本的依据，通过事前制订定额成本、事中按定额成本实施控制、事后计算和分析定额差异，对成本形成过程进行全面控制，从而将成本计划、成本计算和成本控制融为一体。采用定额成本控制法可使项目管理者及时发现各种费用的节约和超支情况，从而采取措施，有效控制费用的发生。

4. 进度 - 成本同步控制法

在项目管理中，成本、进度和技术三者是密不可分的。成本控制与计划管理、成本与进度之间有着必然的同步关系，即项目到什么阶段，就应该发生相应的成本费用。如果成本与进度不对应，就要作为"不正常"现象进行分析，找出原因，并加以纠正。

5. 成本累计曲线

成本累计曲线又叫作时间累计成本图。它是反映整个项目或项目中某个相对独立部分开支状况的图形。它可以从成本计划中直接导出，也可利用网络图、条形图等单独建立。

6. 香蕉曲线

香蕉曲线是利用各工序的最早开始时间和最迟开始时间制作的成本累计曲线。香蕉曲线表明了项目成本变化的安全区间，实际发生的成本变化若在两条曲线限定的范围内，都属于正常的变化，可以通过调整开始和结束的时间使成本控制在计划的范围内。如果实际成本超出这一范围，就要引起重视，查清情况，分析出现的原因。如果有必要，应迅速采取措施进行纠正。

7. 挣值法

挣值法实际上是一种分析目标实施与目标期望之间差异的方法，因而它又常被称为偏差分析法。挣值法通过测量和计算已完成工作的预算费用、已完成工作的实际费用和计划工作的预算费用，得到有关计划实施的进度和费用偏差，从而达到判断项目预算和进度计划执行情况的目的。因而它的独特之处在于以预算和费用来衡量工程的进度。

扫码看视频

（1）挣值法的三个参数　采取挣值法需要引入下面三个参数。

1）计划工作预算费用（Budgeted Cost of Work Scheduled，BCWS）。即在给定时间内完成全部工作计划需要的总成本，在项目实施过程中保持不变。该值是衡量项目进度和项目费用的基准，我国习惯称作"计划投资额"，也称为计划值（Planned Value，PV）或完工预算（Budget at Completion，BAC）。

【例题1】某项目打算安装一台WEB接入服务器，预计用一周的时间，购买软硬件及请别人安装等的成本预算批准了3万元，则这一周的计划工作预算费用就是3万元。

2）已完成工作预算费用（Budgeted Cost of Work Performed，BCWP）。即到某一时点已经完成的工作所需投入的计划成本。该值也就是承包商获得（挣得）的金额，故称挣值（Earned Value，EV）。挣值反映了满足质量标准的项目实际进度，真正实现了投资额到项目成果的转化。

【例题2】例题1中，第一周购买了服务器和软件，完成总计划工作量的70%，因为第一周的计划值是 3 万元，那么第一周的 BCWP 为 70%×3 万元，即在第一周时间点上的挣值是 2.1 万元。

3）已完成工作的实际费用（Actual Cost of Work Performed，ACWP）。即到某一时点已完成工作实际花费的总金额，也称为实际费用（Actual Cost，AC）。

【例题 3】例题 1 中，最后实际用了两周时间完成了服务器的购买和安装。在第一周花 2.5 万元购买了服务器，在第二周花 0.5 万元完成了安装工作，则第一周的 ACWP 为 2.5 万元，第二周的 ACWP 为 0.5 万元。

（2）4 个指标 利用上面 3 个参数，提出 4 个判断项目成本状态或进度状态的指标。

1）费用偏差（Cost Variance，CV）。计算公式为：

$$CV = BCWP - ACWP$$

当 CV<0 时，表示超支，实际费用超过预算费用；当 CV>0 时，表示节支，项目执行效果良好。

2）进度偏差（Schedule Variance，SV）。计算公式为：

$$SV = BCWP - BCWS$$

当 SV<0 时，表示进度延误；当 SV>0 时，表示进度提前。

3）费用绩效指数（Cost Performance Index，CPI）。计算公式为：

$$CPI = BCWP / ACWP$$

当 CPI>1 时，表示节支；当 CPI<1 时，表示超支。

4）进度绩效指数（Schedule Performance Index，SPI）。计算公式为：

$$SPI = BCWP / BCWS$$

当 SPI>1 时，表示进度提前；当 SPI<1 时，表示进度延误。

理想状态下，BCWP、BCWS、ACWP 3 个数据是一致的，如图 5-5 所示的 3 条 S 曲线应重合。如果 3 条曲线偏离很大，则表示项目成本和进度管理存在问题，应该对项目进行重新评估和安排。

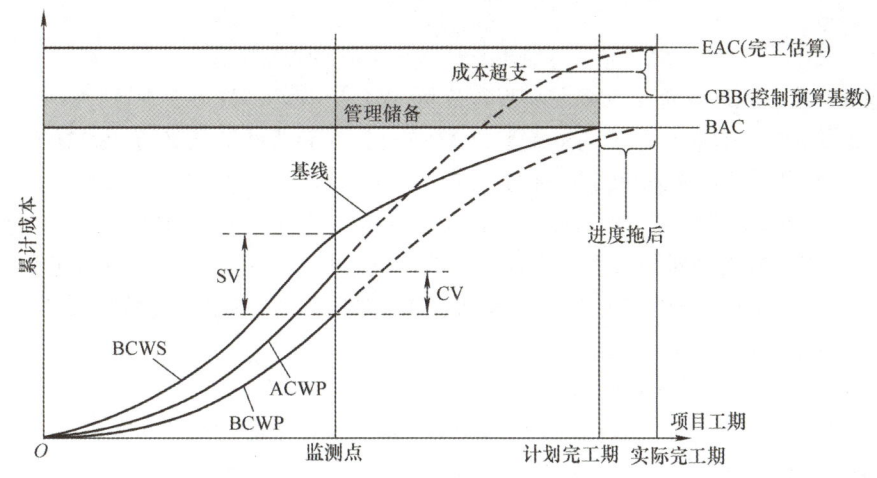

图 5-5 成本预算执行偏差

挣值状态可以采用表 5-8 的形式来描述。当偏差超过了允许的限度，就要做成本偏差分析，提交成本分析报告。一般而言，挣值法不适合用在工作分解结构的较低层级，子交付物及以上水平使用挣值法才有意义，如不适合对一个工作包使用挣值法。

表 5-8　挣值状态报告

项目名称：　　　　　　　　　　　　　　　　　　准备日期：

指标	当前报告阶段	当前阶段累计	过去阶段累计
计划值（PV）			
挣值（EV）			
实际费用（AC）			
进度偏差（SV）			
费用偏差（CV）			
进度绩效指数（SPI）			
费用绩效指数（CPI）			
产生进度偏差的根本原因：			
对可交付成果、里程碑或关键路线的影响：			
产生费用偏差的根本原因：			
对预算、应急资金或预算储备的影响：			
完工估算（EAC）：			
按照当前 CPI 水平进行的完工估算： EAC=AC+（BAC-EV）/CPI			
完工尚需绩效指数： TCPI=（BAC-EV）/（BAC-AC）			

（3）预测完工总成本　由于引起成本变化的许多因素超出了项目经理的控制能力，实际费用与计划值之间总会出现或多或少的差异，或者说，实际费用偏离计划值是必然的。在项目进展的某个时间点，如果发现成本处于超支状态，项目经理必须判断这种超支的态势是否仍将延续，剩余工作还要花多少钱，完成整个项目的总成本是多少。预测完工总成本要考虑以下 3 种情况：

1）假设项目剩余部分按照已完工部分的效率进行。在项目成本超支时，费用绩效指数小于 1，即实际费用大于挣值。假设后期费用绩效指数不变，则预测完工总成本可用以下公式计算：

$$预测完工总成本 = 计划值 / 费用绩效指数$$

【例题 4】某物流设备研发项目成本预算为 90 万元，研发工期为 3 个月，第 1 个月预算为 28 万元，月末全部计划完成，已完工成本为 33 万元，则费用绩效指数为 28/33≈0.85。根据上面的公式，预测完工总成本为 90/0.85≈105.9 万元。

2）假设剩余部分按照预算计划执行。由于前期成本管理措施不到位或者员工能力不足出现了失误，造成了成本浪费与质量返工，导致前期成本超支，通过管理上的改进和员工培训，消除了这些引起成本变化的主要因素。假设剩余项目的工作可以在预算计划内完成，则预测完工总成本为：

$$预测完工总成本 = 实际费用 + （计划值 - 挣值）$$

计划值减去挣值的结果为剩余工作量的成本，这些工作全部在预算内完成意味着后期剩余工作不再超支也不会节余。

【例题 5】对于例题 4 的研发项目，第 1 个月末的实际成本为 33 万元，挣值为 28 万元。假设剩余部分按照预算计划执行，则预测完工总成本为 33+（90-28）= 95 万元。

3）重估剩余工作的成本。有的项目在估算阶段采取的方法不合适，成本估算准确性较差，在此基础上编制的预算不可行，造成执行中的偏差很大，费用绩效指数很低。此时，应组织评价预算的合理性和可操作性，如果确认预算成本脱离实际就不能作为执行的依据，应重新估算剩余工作量的成本，更新剩余工作的预算。在后期严格按照更新后的预算执行，保证不再发生成本偏差。预测完工总成本的公式为：

$$预测完工总成本 = 实际费用 + 剩余工作重估成本$$

预算是一个约束条件，大幅度地修改预算是不可行的。项目经理应尽可能在项目规划阶段采取多种方法估算成本，编制合理的预算，防止此种修改对项目实施产生不利的影响。只有在实际费用与预算严重背离或发生很大意外时，方可采用重估剩余工作成本的方法。

二、成本控制措施

1. 采取成本节约的实施方案

采取更加节约成本的实施方案既有利于保证成本预算不超支，又可增加项目利润。针对不同项目的特点，项目经理可灵活采取适当的方法。例如，对设计方案进行成本比较，选择成本低的方案；充分利用低成本的资源，降低人工或物质资源使用成本；创新与供应商的合作关系，节约采购成本；产品开发项目中采取消化先进技术、自主开发的模式。

【案例】汽车检测线国产化策略

东风汽车股份有限公司（简称"东风汽车"）整车性能检测线建于1995年。2005年，国家实施新版汽车质量性能检测法规，必须对原有检测线上的设备进行更新。项目组分析了竞争对手中国第一汽车集团有限公司（简称"一汽"）、北京汽车集团有限公司（简称"北汽"）的项目经验与教训。一汽采取了设备引进方案，投资1600万元，购置了两条德国全自动检测线，但由于设备运营维护费太高且不稳定，使用一年后就停用了。北汽采取了关键设备引进策略，购买了德国生产的制动台，附带ABS检测功能，费用是每台160万元。如果东风汽车按照一汽、北汽相关标准进行改造，需投资400万美元，并且后期设备升级和运营维护成本很高。通过详细的技术分析，项目组提出国产化策略，根据国外设备基本原理，组织国内专业设备生产厂家进行开发，最终开发出自主知识产权的ABS制动台，国产设备成本仅为进口设备价格的1/8，设备运营维护成本大大降低。通过国产化策略，东风汽车改造了4条检测线，成本由引进的3000万元降至288万元，为公司节约了大量资金。

2. 完善工程造价

工程建设项目招标普遍使用工程量清单法，业主提供工程量清单，承包商根据清单报价，工程量清单的错漏风险由业主承担。如果出现几个投标人恶意围标的情况，中标价与业主预期价将会出现较大差距，为后续工作带来隐患。采用最低价中标的评标方法时，有些投标人签订施工合同后履行不了承诺，将影响工程质量和工期目标。

工程量清单计价招标中允许承包商不平衡报价，即承包商在保持总价不变的情况下，调低某些分项的单价而提高另外一些分项的单价，以达到尽早收回工程款的目的。业主应在招标过程中做好以下几方面的工作，防止工程造价失控。

1）完善招标文件。不完善的招标文件会给施工管理与造价控制带来麻烦，甚至引起索赔。招标文件中工程造价及相关费用的约定应尽量包死，减少暂定金额分项。对于在施工中可能增加较多的单项工程量，应约定当工程量增加超过一定比例后该项单价下调。对于市场价格差异较大的设备和材料，要对其功能、型号、技术要求、外观色彩等进行详细描述，可约定一个上限价，要求承包商在施工前必须提供样品，在业主确认后才能施工。

2）编制与调整工程量清单。工程量清单的编制一定要符合招标文件的要求，每一项工作内容与工作要求应表述准确完整，做到分项不错不漏、不留缺口。建立纠错机制，确保不因清单的错漏引起造价失控。

3）分担造价风险。由于市场价格不断变化，业主和承包商面临的造价控制难度都很大，双方应合理分担造价风险，包括工程量清单错漏风险、设计图纸失误风险、承包商报价错误风险、资源价格风险、政策风险、自然条件风险等。出现了以上风险后，应按照合同条款来执行。建立工程担保制度，涉及投标保函、履约保函、预付款保函、工程保留金保函、工程款支付保函、免税进口材料物资税收保函等。

3. 控制采购成本

根据采购数量、价值、采购周期和供应商等因素选择合适的采购策略，利用最小的采购成本获得所需产品及服务。小额采购要确认价格的合理性；大额采购要结合项目进度计划采用招标方式；持续性的采购可以与供应商建立长期合作关系，共同寻求降低交易成本的途径。

4. 主动发现成本执行偏差，视情况采取相应的纠偏措施

在成本偏差出现前应积极做好事前控制。如果出现了较大的成本偏差，特别是发生在项目后期时纠偏的难度极大，在固定价格的项目中只能"拆东墙补西墙"，从其他项目活动预算中分一些过来，很容易对后者的工期和质量造成影响。项目经理应及时掌握成本执行情况，防止出现较大数量的成本偏差。

很多项目没有足够的历史数据和经验借鉴，成本预测和管理很难，超支现象比较普遍。当某个时间点成本超支时，项目经理必须采取适当的方法减少后来活动的成本，首先从容易减少成本的活动或行为入手，如减少在管理监督、过程控制、质量保证或测试等方面的投入。如果这些措施还不能减掉足够的成本，再从比较难节约成本的方面进行压缩，如减少直接工时、原材料、设备、厂房或其他资源。如果成本还没有达到管理层的要求，就要考虑项目是否应终止。

5. 动态跟踪成本变化

项目计划和设计经常发生修改会造成项目计划成本的变化。即使固定价格的合同中也有一些价格调整的条款，例如，国际咨询工程师联合会编制的合同条款中规定以下内容的价格可调整：

1）实际完成的工程量如与计划工程量不同，按实际工程量和合同单价付款。

2）增加合同工程量表中未包括的分项，即附加新的工程项。

3）图样错误、变更造成工程量变化及工程停工、返工，发生业主风险范围内的事件造成了承建方的损失。

4）业主指令工程实施顺序变化引起成本的变化。

5）由于业主或其他方面干扰造成工程停工、低效率、损失等。

上述变化使得成本预算必须及时做出调整，甚至某些项目的成本预算一直是变动的，项目经理只有将实际成本与变动后的预算比较才有实际意义，所以，成本控制必须一直跟踪最新的成本计划。

6. 制定成本管理制度

企业应制定有关成本管理的制度，确定项目团队、职能部门在成本方面的责任和权力。在项目组中，项目经理必须做出正确的决策，发布相应的制度、规范和流程等文件。成本管理决策包含以下基本内容：

1）审批各种估算，与各部门商讨各种估算和工作说明书。
2）制定预算分配方案，按照各部门在项目中的作用把资金分解到每一层。
3）明确每一个工作的需求与工作计划表。
4）发布界定的工作范围，不能对超出合同范围的工作进行授权。
5）批准资源清单、材料采购表、计划明细表和工作计划表。
6）批准采购报告书、计划表、谈判价格以及主要采购合同。
7）监督职能部门承担的项目工作进展和预算执行情况。
8）采取适当行动影响客户调整工作需求以削减成本。

项目六　物流工程项目成本决算

> **学习目标：**
> 1. 理解项目成本决算的含义。
> 2. 掌握编制项目竣工决算的方法。

物流工程项目成本决算是指在项目收尾阶段对所有支出进行核算，计算从项目启动到项目结束为止的全部费用，确定实际成本是否超出预算成本，为项目验收提供依据。成本决算的编制主体分别是承包商和业主。

承包商是以单位工程为对象，以工程竣工后的工程结算为依据，通过实际工程成本分析，为核算一个单位工程的预算成本、实际成本和成本降低额而编制单位工程竣工成本决算，通过成本决算进行实际成本分析，评价经营效果，总结经验，不断提高经营管理水平。

业主编制的成本决算也称竣工决算，是在建设项目全部完工后，以业主自身开支和自营工程决算及承包商在每项单位工程完工后向业主办理工程结算的资料为依据进行编制，反映整个项目从筹建到竣工验收、投产的全部实际支出费用。竣工决算以实物量和货币为单位，综合反映项目实际投入和投资效益，核定交付使用财产和固定资产价值。竣工决算是竣工验收报告的重要组成部分，是核定新增固定资产和流动资产价值、办理交付使用的依据。

项目成本决算的结果形成项目决算书，经项目各参与方共同签字后成为项目验收的核心文件。决算书由决算说明书和决算表构成。决算说明书主要包括工程概况、设计概算、实施计划和执行情况、各项技术经济指标的完成情况、项目成本和投资效益分析，还包括项目实施过程中的主要经验、存在的问题、解决问题的建议等。大中型项目的决算表包括竣工项目概况表、财务决算表、交付使用财产总表、交付使用财产明细表。表5-9所示是某仓库竣工财务决算表示例。

项目竣工决算的依据是：经批准的可行性研究报告及其投资估算书，经批准的初步设计或扩大初步设计及其概算或修正概算书，经批准的施工图设计及其施工图预算书，设计交底或图纸会审会议纪要，招投标的标底，承包合同，工程结算资料，施工记录、签证单及其他施工发生的费用记录，索赔报告与记录，停（交）工报告，竣工图及各种竣工验收资料，设备、材料调价文件和调价记录，财务核算制度、办法和其他有关资料文件等。

表 5-9 某仓库竣工财务决算表示例

建设项目名称			建设地址			资金来源		资金运用	
初步设计概算批文号						项目	金额/元	项目	金额/元
占地面积	计划	实际	总资产/万元	计划	实际	1. 基建拨款，如预算拨款		1. 交付使用资产	
新增生产力			能力（效益）	计划	实际	2. 项目资本 3. 项目资本公积 4. 基建借款		2. 待核销关键支出 3. 非经营项目转出投资	
建设时间	计划		年 月开工至 年 月竣工			5. 上级拨入借款 6. 企业债券资金 7. 待冲基建支出 8. 应付款		4. 应收生产单位投资借款 5. 拨付所属投资借款 6. 器材	
	实际		年 月开工至 年 月竣工						
基建支出		项目	概算金额/元	实际金额/元		9. 未交款，如未交基建收入、未交包干节余 10. 上级拨入资金 11. 留成收入		7. 货币资金 8. 预付及应收款 9. 有价证券 10. 固定资产	
	1. 建筑安装工程 2. 设备、工具、器具 3. 待摊投资，如建设单位管理费 4. 其他投资 5. 待核销基建支出 6. 非经营性项目转出投资								

项目竣工决算的编制步骤如下：

1）分析原始资料。包括建设项目档案资料，如设计文件，施工记录，上级批文和预算文件，财务处理、财产物资的盘点核实及债权债务的清偿。

2）工程对照，核实工程变动情况。重新核实各单位工程、单项工程造价，将竣工资料与原设计图纸进行查对、核实，确认实际变更情况；根据经审定的施工单位竣工结算等原始资料，按照有关规定对原预算进行调整，重新核定工程造价。

3）投资支出严格按要求列支。将经审定的待摊投资、其他投资、待核销基建支出和非经营性项目转出投资，分别计入相应的基建支出（占用）栏目内。

4）编制竣工财务决算说明书。

5）填报竣工财务决算表。

6）做好工程造价对比分析。

7）清理并装订好竣工图。

思考与训练

1. 项目有很多干系人，你觉得他们对项目总成本最低原则会持相同的意见吗？
2. 项目成本估算与工作分解结构以及项目进度计划是什么关系？
3. 项目设计、招标、施工和收尾几个阶段分别对项目成本产生何种影响？各阶段控制项目成本的重点是什么？
4. 假设你新购了一套面积约 $130m^2$ 的住房，计划花 2 个月进行中档程度的装修，请你先对这个项目进行工作分解，然后估算项目人工成本、材料成本、设备成本及其他形式的成本，并结合进度安排，编制一份成本预算计划。
5. 针对单元二思考与训练第 3 题的小组项目，根据工作分解结构，估算项目人工成本、材料成本、设备成本及其他形式的成本，并结合进度安排，编制一份成本预算计划。

单元六
物流工程项目质量管理

引 例

2018年S公司承担了物流设备研制任务，要求2019年年底完成设计定型。公司把任务分解后下达到各个部门。在项目执行期间，各个参与部门工作界定不清晰，部门、专业组之间推诿扯皮严重，公司投入了大量精力和时间来处理这些冲突。同时，还存在计划管理部门责权不一致、质量监控不到位及外包活动管理不善等问题。

计划管理部门对项目管理的责权不匹配。项目计划执行不好时，高层追究计划管理部门责任，但计划管理部门的权力并不到位，尤其是没有掌握被考核部门的奖金发放权。公司在奖金分配方面一直采取平均主义，对进度提前的人员没有奖励，对出现问题造成损失的个人和小组也无处罚，影响了员工的积极性。

项目检查频率低。公司每月组织一次进度状态检查，项目中大量有关进度和质量的问题不能及时解决，而是积累到月底检查时才解决。月度检查和年度检查往往流于形式，检查人员很难在短时间内掌握全面的项目资料，难以在深入分析的基础上发现问题及做出决策。同时，也缺乏相应的奖惩制度，检查结束后项目状态一般不会有大的改观。

外包活动管理不善导致质量失控。公司将设备组合导航器的研制任务外包给一家小型电子公司，分包商制定出产品研制方案后，S公司一味相信分包商的实力和信誉，没有组织专家对方案进行评审，通知分包商按照方案加工出导航器样品。在样品生产出来后，S公司没有对其质量进行严格评审和出厂验收评审，在总装阶段直接装入设备。2019年12月样机试制完成并出厂试验。2020年3月安排试用，试用后不久因组合导航器发生故障导致事故。

事故的发生给S公司造成很大经济损失，也给全体员工带来极大震动。公司组织专家对故障进行分析、排查、归零，找到原因后采取了质量改进活动，重新开发了组合导航器。2020年10月，研制出的新样机二次试用成功，综合评价达到了设计标准。但项目产品交付延迟了半年多，对S公司的信誉造成很大负面影响。

如果物流工程项目的成果存在质量问题，将会严重影响其效能的发挥，带来不良后果。因此加强物流工程项目质量管理具有十分重要的意义。

项目一　物流工程项目质量管理概述

> **学习目标：**
> 1. 理解质量、质量管理、物流工程项目质量管理的含义。
> 2. 理解物流工程项目质量管理与一般质量管理的不同。
> 3. 掌握物流工程项目质量管理遵循的原则。

扫码看视频

一、质量

质量是项目使用价值的集中表现，只有符合质量要求的项目才能交付使用，在工期、质量和费用三大目标中，质量目标是项目的根本利益所在。很多组织认为给质量下一个精确的定义很难，因为质量应由用户定义。国际标准化组织的定义是："质量是反映实体（产品、过程或活动等）满足明确或隐含需要的能力的特性总和。"

质量水平与质量等级是容易混淆的概念。质量水平是一系列内在特性满足要求的程度，而质量等级是对用途相同但技术特性不同的产品或服务的级别分类。质量水平未达到要求是严重问题，而质量等级低不一定是问题。

20世纪80年代中期以后，不仅产品质量大为提高，人们对质量的认识也发生了巨大变化，质量管理水平大幅提高，许多新的质量观念深入人心。

二、项目质量

项目质量是项目所固有的特性满足客户要求的程度。项目交付物是一种产品或服务，从这个角度看，项目质量与一般产品或服务质量无本质区别，但由于项目具有一次性的特点，项目质量取决于所有子项目、各工作单元的质量和所有的工作质量。项目质量既包括交付物的质量，又包括项目工作的质量，因此，要保证项目质量必须先保证工作质量。

影响项目质量的因素包括人、机器设备、材料、实施方案和项目环境5类。以物流工程项目为例，影响质量形成的关键因素有：人的质量意识和质量能力（包括建设单位、勘查、设计、施工、监理及咨询服务单位，政府主管及工程质量监督检测单位，策划者，设计者，作业者，管理者），项目的决策因素，项目的总体规划和设计因素，建筑材料、构配件及相关工程用品的质量，项目的施工方案，项目的施工环境。

三、质量管理的3个阶段

最早的项目质量管理方法出现在古巴比伦的《汉谟拉比法典》，其中规定如果一栋建筑物倒塌了，设计师和施工人员都要被处以死刑。现在我们更应注重防止质量问题的产生，而不是在出现问题时进行相应的惩罚。质量管理的方法经过了质量检验、统计质量管理和全面质量管理3个阶段。

1）质量检验阶段。20世纪30年代之前，人们采用各种检测设备和仪器，对产品进行全部检测以剔除不合格品。这是事后被动检验的做法，要产生大量的成本。

2）统计质量管理阶段。1925年美国贝尔实验室的休哈特提出统计过程控制理论，首创了过程控制的工具控制图，为质量控制理论奠定了基础。道奇和罗米格提出了抽样检验理论，构成了质量检验理论的重要内容。控制图和抽样检验将质量控制从事后的检验提前到制造阶段，向主动控制迈出了一步。这个阶段的主要特点是应用统计理论和工具，称为统计质量管理阶段。

3）全面质量管理阶段。1961年，通用电气公司的费根堡姆在《全面质量管理》一书中提出，全面质量管理是为了能够在最经济的水平上，并考虑到充分满足用户要求的条件下，进行市场研究、设计、生产和服务，把企业各部门的研制质量、维持质量和提高质量的活动融为一体的有效体系。全面质量管理的核心是全员参与、全过程和全方位的管理。

四、物流工程项目质量管理的原则

物流工程项目质量管理是为了保障项目的产出物，使项目满足其预定的需求，所开展的对于项目产出物的质量和项目工作质量的全面管理工作，包括执行组织确定的质量政策、目标与体系。实施物流工程项目质量管理具有与一般质量管理不同的特点：一是复杂性，项目经历的环节多，涉及主体多，影响因素多，使得质量管理很复杂；二是动态性，项目生命周期各个阶段的影响因素不同，质量管理方法和重点要随项目进展而不同；三是系统性，项目质量管理受项目其他管理结果的影响，如进度决策、成本控制等可能会影响质量结果，质量目标与其他目标共同实现才能让客户满意；四是不可逆性，项目的一次性特点使项目质量不能在重复生产过程中改进，对项目质量管理方法和措施提出了更高的要求。

【案例】法国楼房是怎样建成的

在法国巴黎的一个建筑工地上，一个地上4层地下1层的楼房正在施工，面积约1万m^2，工程量不算大。但在地下部分挖开之后，除在四面建造了坚固的钢筋混凝土护墙外，还在各墙壁上密密麻麻地加撑了几十根粗大的钢管，且每个90°角处又横顶了钢管。楼房未建，人力、物力、财力的成本投入可见一斑，可它杜绝了工程可能造成的诸多不安全因素。

工地的一面是邮局，一面是马路，另两面紧挨医院和居民楼，由于施工方准备工作做得到位，虽各面与工地仅一栏之隔，但却各行其是、互不干扰。施工是正常上班时间而作，到了下班时间而息，周六周日也照样休息。运土车、材料车、水泥搅拌车谁进谁出由调度来控制，地面干干净净，交通顺畅无阻。但是工程进度确实比较慢，大半年过去了，建筑还没有露出地面。

对此，法国房地产和建筑专家阿兰·贝沙德解释说，20世纪70年代，法国建筑行业也曾有过高速发展的时期，城镇建筑的崛起如雨后春笋。但是，人们后来发现，建筑进度虽快，但却暴露了诸如质量不合格、偷工减料、建筑缺陷多等一系列问题。然而，涉及修复或赔偿的事，扯皮成了一种常态，往往一拖就是几年甚至几十年。住房建设是关系到国计民生的大事，为了确保工程质量和业主权益，1978年，法国政府出台了《建筑保险法》，对建筑行业的保险和责任做出了严格的规定。

《建筑保险法》主要包括3个核心内容。一是工程建筑实行强制保险制度。开工之前，建筑方必须对建筑工程投保全额责任保险。二是施工中实行技术考核监督制度。设立独立于建筑商的专门监督办公室，对建筑的全过程进行跟踪，以保证建筑质量和安全。三是业主只与保险公司发生关系。遇到任何质量问题和经济纠纷，保险公司经公正评估后直接赔偿业主。由此形成了一种保险公司对业主负责，建筑商对保险公司负责，监督办公室督促建筑商恪守诚信的良性循环体系。一旦建筑商丧失了资质和诚信，就要承担罚款、破产、坐牢等法律责任，并可能被淘汰出局。

贝沙德认为，百年大计，打好基础是根本。地基的建造是重中之重，不仅要兼顾到地下各管网、水渠、地铁等设施，还要考虑防震防洪。在贝沙德先生的引导下，笔者开车随他来到巴黎近郊，参观了一处在建和已建的住宅区。该区由法国著名的 NEXITY 建筑公司承建，在已建好的楼房地下层墙体上，隔一段就留下一道宽宽的长方形进水口，如果发生洪灾就让水流进来，这样楼房既不会被冲毁，水又可起到分散压力和平衡楼房的作用。贝沙德说，巴黎标志性建筑 59 层高的蒙帕纳斯大厦地下层也预留了灌水的空间，埃菲尔铁塔 4 个脚基下一直灌满了水，其目的都是防震。

在谈到建设速度时，贝沙德拿出了一张计算表格：一架吊车 =1 万 m^2 的施工面 + 每天 55 名面上作业工人。这就是法国施工方必须遵守的指标，搞人海战术不行，夜间赶工更不行。

贝沙德幽默地说，时间是上帝安排的，心急难成大事。按施工规律盖好每栋楼，才是最省时最划算的。他举例说，巴黎圣母院从 1163 年开建至 1345 年收工，前后用了 182 年，可是工程实际上还没有完全竣工。当时由于资金缺乏，前面搁置的两个教堂尖顶至今仍未建成。但时间的流逝丝毫未影响人们对巴黎圣母院的敬仰和向往。无数人以一砖一石精心打磨雕刻的这一永恒的世界经典给人类留下的历史、艺术和文化价值无与伦比。

资料来源：《法国楼房是怎样建成的》，顾玉清。

项目质量管理过程包括质量规划、质量保证和质量控制 3 个环节。蒂莫西提出了"五环节理论"，在前面 3 个环节的基础上增加了项目质量启动和项目质量终止，并提出了项目经理、项目团队和客户在每个阶段中承担的责任。项目质量管理的每个环节在项目中至少要进行一次，可以在项目的一个或多个阶段中进行，各个环节相互交叠、相互作用，而且与其他管理过程（如进度管理和成本管理）相互作用。

物流工程项目质量管理应遵循以下原则。

1）客户满意。企业的发展依赖于客户，项目管理组织要全面了解、评估、定义和管理客户期望，对客户需求做出迅速反应，以满足客户的要求。

2）过程控制与改进。过程是为完成既定产品、成果或服务所实施的一系列相互关联的活动。为了进行有效的过程管理，需要进行过程控制与过程改进。影响项目质量的因素和客户需求是不断变化的，项目组织必须在质量工作中持续不断而非一时地改进，直到项目结束。

过程控制的目标是保证输出成果能被正确预测，如果输出结果无法预测或者预测结果令人不满意，就应着手进行过程改进。项目经理要使质量改进成为一种制度，对员工进行持续改进相关知识的培训，为质量改进确定目标和实施指南。过程改进是一个闭环管理活动，包括"计划-实施-检查-行动"（PDCA）4 个环节。P（Plan）是连续改进的计划，即制定质量管理目标以及达到目标的对策和措施；D（Do）是执行改进的计划；C（Check）是检查改进计划执行的情况；A（Act）是根据检查控制结果进行原因分析，总结经验并识别进一步改进的可能性。

3）基于事实的管理。质量管理中的各项决策要基于事实而不是凭借权力和直觉。基于事实的管理经常难以做到，原因是受个人主观因素影响，难以判断信息收集范围及做出决策的时间紧迫。基于事实的管理包括 4 个基本观点：对偏差的理解、确定测度范围、准确使用数据及适当运用已知的信息。

项目管理者要明白随机偏差和特殊偏差这两种常见的统计偏差。随机偏差是任何过程内都固有的，很多小事件都会导致随机偏差。要减少随机偏差就要改善整个系统。特殊偏差是过程中出现异常情况（如材料不合格、工人技能差或设备损坏）时发生的偏差。减少特殊偏差的方法是尽快识别并控制这些特殊情况。

确定测度的范围时要避免两个极端：一是由于时间紧迫不能对所有方面进行测度；二是对确定性事件也进行测度。项目团队要实事求是地收集、检测、分析相关资料和数据，明确规定信息收集人员的职责，确定收集信息的种类和渠道，对信息进行鉴别以保证准确性，建立质量管理信息系统以确保信息渠道畅通。项目中制定数据收集模板有利于保证数据的一致性。

4）管理层的责任。全面质量管理要求项目全体员工参与，调动全体员工的积极性，履行各自的质量责任。管理层必须为项目提供所需资料，指导编制可行的项目计划，设定富有挑战性的质量目标，激励员工为质量管理作出贡献，营造适合项目特点的质量文化，以保证最终交付客户满意的产品。

5）全员参与。项目成员的素质和努力程度对项目产品或服务的质量有极大的影响，必须对全体员工进行质量管理方面的培训，激发员工的积极性和责任感，赋予他们应有的质量管理权限，为员工创造提升能力和经验的机会，提倡知识和经验共享，确保项目最终达到质量要求。

6）与供应商保持互利关系。供应商提供的材料和设备的质量及价格直接影响项目质量和成本。项目组织应通过严格招标过程选择合适的供应商，本着"双赢"理念建立良好合作关系，与供应商建立良好的信息渠道，共享专门的信息和资源。

7）授权的绩效。在项目成员的任务和职责范围内，给予持续改善日常工作绩效的权力，自主决策会提高员工的信心。个人将更加关注自己承担的任务价值，促进学习行为，扩大员工在工作中的影响力。授权是一种内在的激励。质量组织要尊重所有人，每个人无论职位高低都应不断地得到授权，才会增强组织的有效性。

8）预防胜于检查。质量是规划、设计和建造出来的，而不是检查出来的，这是现代质量管理的基本信条之一。通常预防错误发生的成本小于检查与纠正成本。项目质量是通过工作和管理而形成的结果，质量保证方面的事前管理工作非常重要。

【案例】某机场二期扩建工程质量管理的8项原则

某机场二期扩建工程总占地面积约9000亩，2007年12月奠基。计划于2011年6月竣工，2012年3月投入使用。总工期1300天，总投资100亿元。指挥部提出了"明确责任、建章立制、完善体系、强化事前控制、把握关键工序、坚持样板引路、加强过程检测和进行持续改进"的思路，并制定了以下8项质量管理原则。

1）用户参与原则。指挥部牵头，组织机场集团内的运行部门、航空公司、联检单位等参与项目实施方案的讨论，参与重要设备到货验收和现场质量监督，请他们从用户角度审视扩建工程的功能和建设质量。

2）质量优先原则。质量和安全是扩建工程建设的首要目标，任何人或单位不得以保证工期、加速施工进度等理由忽视工程的质量和安全。当发现质量问题时，首先要求施工单位停止施工，待质量问题解决后方可继续施工。

3）预防为主的原则。质量控制不是仅从验收环节把关，更重要的是加强对施工质量因素、施工过程的控制，对施工单位的人力资源配置、施工机械和施工机具配置以及施工方案选择等都进行严格的监督检查，发现问题要及时处理。

4）学习与理解原则。指挥部要求各工程管理人员加强对施工和监理单位招投标文件的学习和理解，熟知中标方案，包括专家在评标会上提出的优化意见，以保证在实施过程中予以落实。

5）"三不能"原则。监理大纲和监理细则没有编制、审核和交底不能开工；施工组织设计或专项施工方案没有编制、审核和交底不能开工；样板段未实施或未经验收不能大规模开工。

6）事前控制和过程管理相结合的原则。指挥部要求把质量管理的重点放在事前控制过程管理中，对质量检查过程中发现的问题，分析原因进行整改，总结经验并用于新一轮的问题预防上。

7）完善关键工序质量管理的原则。关键工序的控制与管理、质量讲评会是工程质量过程管理的有效手段。指挥部要求形成长效机制，创造条件召开质量讲评会，把握好每一项工程的特点、难点，形成和完善关键工序质量管理的对策，使工程项目的最终质量得到保证。

8）依靠但不依赖监理的原则。作为建设单位的现场质量监督代表，监理对质量实施监督管理，是业主管理质量的主要力量。工程质量问题大多是由工程质量程度执行环节上的问题引起，监理对工程质量的控制十分关键。监理工作是否到位直接关系到工程质量的好坏。因此，指挥部在注重发挥监理单位作用的同时，也要加强对监理单位的管理。

项目二　物流工程项目质量控制

学习目标：
1. 理解物流工程项目质量保证的含义。
2. 理解影响物流工程项目质量的因素。
3. 掌握物流工程项目质量控制的方法和技术。

一、物流工程项目质量保证

物流工程项目质量保证是为确保项目使用全部所需的过程来达到标准而实施的有计划的、系统的质量活动。这是为使干系人确信胜任的员工在用合理的工作方法实施项目工作而广泛开展的管理活动，有利于产生优质的项目可交付成果和文件。质量保证工作包括两部分内容：一是制定科学可行的质量标准，可以采用现行国家标准、行业标准，目的是在实施过程中达到或超越质量标准；二是建立和完善项目质量管理体系，包括质量管理体系的结构和职责分配、配备必要且合格的资源、持续开展有计划的质量改进活动。

实施质量保证是审计质量要求和质量控制测量结果，确保采用合理的质量标准和操作性定义的过程。质量保证是所有计划和系统工作实施达到质量计划要求的基础，应贯穿于项目实施的全过程。质量保证通常提供给项目管理及实施组织，或者提供给客户或项目涉及的其他活动。

物流工程项目的质量保证可以分为项目管理过程的质量保证及项目产品或服务的质量保证。项目管理过程的质量保证要有一套完善的管理项目的程序，清晰地说明项目怎样管理好合格的资源,以及是怎样从历史经验中得出的。为了保证项目产品或服务的质量,要做好清晰的规格说明,使用良好定义的标准,结合历史经验,配备合格的资源,进行公正的设计复审,实施变更控制。

质量保证最主要的方法是质量审核和过程改进,质量规划阶段的工具和技术也都可以适用。

质量审核是一种独立的结构化审查,用以确定项目活动是否遵循了组织和项目的政策、过程与程序。通过质量审核评价审核对象的现状对规定要求的符合性,并确定是否需要采取改进措施,以保证项目质量符合要求,保证设计、实施与组织过程符合规定要求,保证质量体系有效运行并不断完善。质量审核分为质量体系审核、项目质量审核、过程(工序)质量审核和监督审核。质量审核可以是事先安排,也可以随机进行,由内部审计员或外部审计师实施。

过程改进是指按照过程改进计划中确定的步骤来识别所需的改进,也要检查在过程改进时遇到的问题、制约因素以及发现的非增值活动。通过持续过程改进,可以减少浪费,消除非增值活动,使各过程在更高的效率与效果水平上运行。

二、物流工程项目质量控制的内容

物流工程项目质量控制是监测并记录执行质量活动的结果,分析项目结果是否符合相关质量标准,并确定如何消除造成不合格结果的原因。项目成果包括可交付成果和项目管理成果,如成本与进度绩效。质量标准包括项目过程的质量标准和项目产品或服务的质量标准。

项目质量控制包括3个方面的控制:一是工作质量控制,工作质量是指参与项目建设全过程的人员为保证项目建设质量所表现出的工作水平和完善程度,包括管理工作、技术工作和后勤工作等;二是工序质量控制,项目是通过一道道工序来完成的,每道工序都必须具有满足下道工序要求的质量标准,工序质量决定了产品质量,工序质量控制应从人员、材料、机械、施工方法和施工环境5个因素入手;三是产品质量控制,产品质量是指项目产品满足相关标准或合同的要求,包括适用性、安全性、耐久性、可靠性和经济性等。质量控制由质量控制部门或岗位负责,质量控制工作应贯穿项目始终。通过质量控制活动识别造成过程低效或产品质量低劣的原因,并采取措施消除这些原因。

影响项目质量的因素是动态复杂的,各个项目阶段质量控制的内容和特点不同。项目一般不能进行解体、拆卸检查,并且项目质量受成本和工期制约,容易对质量状况做出错误判断,所以项目质量控制有很高的难度。经过质量控制,要获得的结果是可交付成果达到质量要求,满足客户使用需要,以便接受正式验收。项目管理团队应具有质量控制方面的统计知识,尤其是抽样与概率知识,以便评估质量控制的结果。

三、物流工程项目质量控制方法和技术

1. 控制图

控制图用来确定一个过程是否稳定或者是否具有可预测的绩效。根据合同要求确定规格上限和下限,即允许的最大值和最小值,如果超出界限就会受到客户的处罚或拒绝接受。项目经理和相关干系人要进一步设定上控制限和下控制限,这是无须采取质量纠正措施的最大可接受位置,以防超出规格界限。控制图示例如图6-1所示。

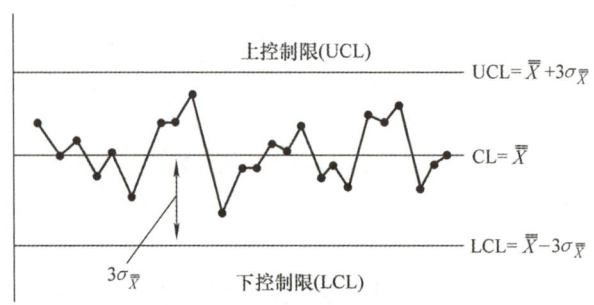

图 6-1 控制图示例

2. 鱼刺图

鱼刺图又称石川图或因果图,其形状像鱼刺,直观显示了导致潜在问题的各种因素。沿着某条线不停地问"为什么",就可以发现某个可能的原因。鱼刺图是分析质量问题产生原因的工具,也可以用于风险分析。鱼刺图示例如图 6-2 所示。

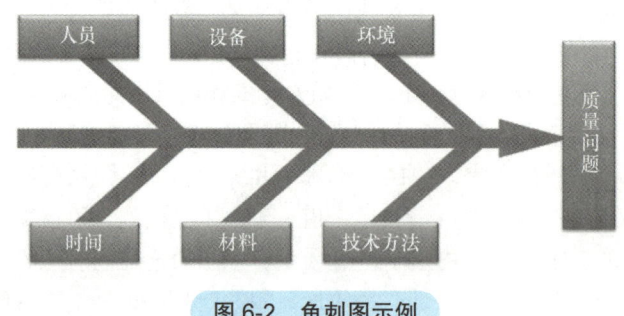

图 6-2 鱼刺图示例

3. 流程图

流程图是对一个过程的图形化表示,用来显示该过程中各步骤之间的相互关系。每个流程图都会显示活动、决策点和处理顺序。对项目过程中各个步骤之间的关系进行研究,找出可能发生故障的潜在原因,预测可能发生的质量问题,发现某些失效的步骤和潜在的过程改进机会,进一步建立测试程序或处理方法,以避免质量缺陷或事故发生。流程图也可用于风险分析。

4. 直方图

直方图是垂直的条形图,用于显示特定情况发生的次数。每个柱形都代表某个问题的一种属性或特征,柱形高度表示非正常值出现的频次或观察到的次数,比较相对高度可以直观地发现引起问题的最普遍原因。一般认为,抽样数不小于 50 个直方图才有效。直方图示例如图 6-3 所示。

5. 帕累托图

帕累托图是按发生频率排序的特殊直方图,用于显示每种已识别的原因分别导致了多少缺陷,排序的目的是有重点地采取纠正措施。帕累托法则认为,相对少量的原因造成了大多数的问题或缺陷,即 80/20 法则,80% 的问题由 20% 的原因造成。

物流工程项目质量管理

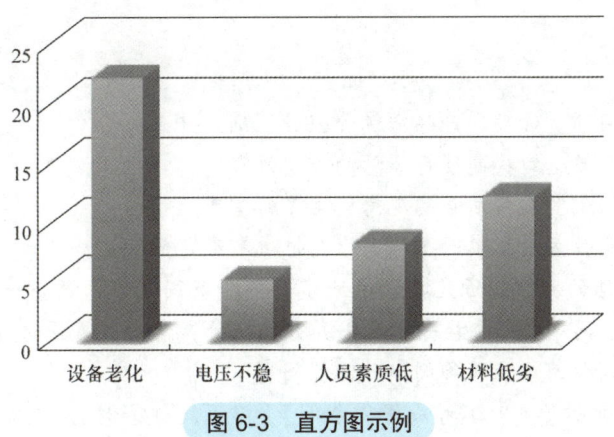

图 6-3　直方图示例

6. 趋势图

趋势图相当于没有界限的控制图，它是一种线型图，按发生顺序标示数据点，用来反映某种变化的历史和模式，可以显示随时间推移的过程趋势、过程变化或过程的恶化和改进情况。趋势图通常用于监测识别出的错误与缺陷数量，监测有多少错误未纠正，监测每个时期有多少活动在完成时出现了明显偏差。

7. 散点图

散点图用于显示两个变量之间的关系，通过散点图可以分析出两个变量之间是否存在关系及其密切程度。当 x 值增大时，y 值有相应增大或减小趋势，则认为两个变量之间存在相关关系，否则不相关。散点图示例如图 6-4 所示。

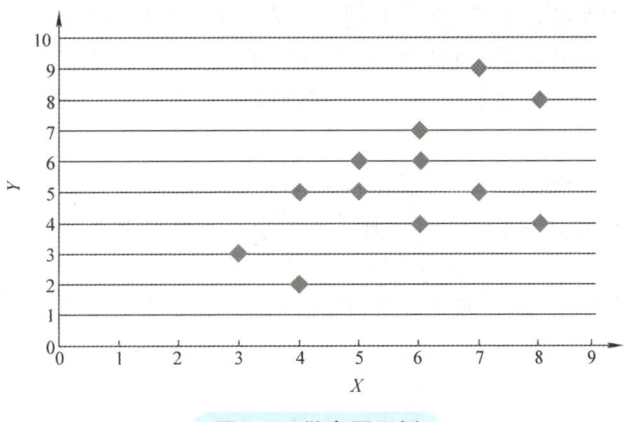

图 6-4　散点图示例

8. 检查

检查是指检查工作成果是否符合相关标准。检查可以在任何层级进行，如可以检查单项活动的成果或项目最终成果。同时也要对所有批准的变更请求进行审查，核实是否已按批准的方式实施。例如，项目中建立质量例会制度，每周各级质量管理部门搜集、检查施工过程中的质量问题和质量隐患，每半个月召开一次质量例会，各级质量负责人与设计单位代表参加会议，分析问题，找出解决办法；搜集质量隐患和施工难点，改进施工工艺；每月对各施工单位进行质量评比后奖优罚劣。

思考与训练

1. 物流工程项目质量管理和产品质量管理的区别是什么？
2. 如何认识过程改进对提高项目质量的重要性？
3. 过去和现在人们对项目质量的观念发生了哪些变迁？
4. 你怎么看待承建方"把临时工程当永久性工程做"的做法？
5. 如果你所生活的城市在近几年发生地震的影响范围之内，调查一下周围的建筑物是否出现了质量问题。同学之间交换一下数据并分组统计，看看建筑物的质量如何。
6. 请分析以下清代河工处罚条例，并回答问题。

顺治初年，工部制定《河工考成保固条例》（以下简称条例），主要为保障黄河、运河以及海塘堤岸修筑质量而定。条例处罚以堤防失事是否在保修年限内，以及是直接责任还是主管责任为依据，规定了堤防保修年限以及责任定义，同时规定管河同知、通判为直接责任人，分司道员、总河为主管责任人。条例中规定：

1）堤防一年内被冲决，管河同知、通判降三级调用；分司道员降一级调用；总河降一级留任。异常水灾冲决，专修、督修官员停俸并修复。

2）堤防被冲毁而隐匿不报，管河同知官降一级；分司道员降一级调用；总河罚俸一年。

3）冲决少而上报多，管河同知、通判分别降三级调用；分司道员降两级；总河降一级。

4）有冲决必须在十日内上报，超过规定时间者降两级。

5）沿岸修防不及时，以致漕船受阻者，经管官降一级调用，该管官罚俸一年，总河罚俸6个月。

顺治十六年，增加河官离任交接，对其任职期间差错的追诉条款。

康熙十五年，规定凡是堤防被冲决，责任皆由修守两方共同承担。对黄河半年、运河一年期内发生冲决做出更严厉的处分，增加了革职、戴罪修筑、停俸督修、工完开复（遣走）、降级罚俸等处罚细则。

道光二十一年，河南祥符漫口，多名官员被革职，河道总督被发配新疆伊犁。

因为黄河决口的处罚非常严厉，以致后来堤防失事的奏报多为漫堤、漫溢，淡化堤防被毁的实情。

思考：清代政府的堤防工程质量处罚制度对现在政府主导的工程质量管理有哪些启示？

单元七
物流工程项目风险管理

引 例

A 公司以融资租赁方式向客户提供重型卡车 30 辆，用于大型水电站工程的施工。车辆总价值 820 万元，融资租赁期限为 12 个月，客户每月应向 A 公司缴纳 75 万元。为保证资产安全，客户提供了足额的抵押物。合同执行到第 6 个月时，客户出现支付困难，而抵押物的变现需时太长，不能及时收回资金。A 公司及时启动了预先部署的风险防范措施，与一家信托公司合作，由信托公司全款买断 30 辆车，客户与 A 公司终止合同，与信托公司重新签订 24 个月的融资租赁合同。此措施缓解了客户每月的付款压力，使客户有能力继续经营；而信托公司向客户收取了一定比例的资金回报；A 公司及时地收回了全部资金，解除了风险。

在人们的工作和日常生活中风险无处不在，当人们设定了个人目标、项目目标或公司商业目标后，在达到目标的过程中风险就会随之而来。风险是某些不确定性及其可能引起的偏离预定目标的不良后果的综合，是由将来可能发生的事件而导致产生不良后果的一种状况。

项目一 物流工程项目风险管理概述

学习目标：

1. 了解物流工程项目风险的类型。
2. 理解物流工程项目风险管理计划的编制步骤。
3. 掌握物流工程项目风险管理计划包含的内容。

一、物流工程项目风险

物流工程项目风险具有存在客观性、发生偶然性和表现多样性的特点。对于一个具体的风险，可以从风险事件、风险原因、风险后果和风险概率等方面来考察，以便找到管理风险的最佳切入点。有些风险容易管理发生的原因，有些风险容易管理发生的概率，有些风险容易管理产生的后果。

项目的风险和机会是有内在联系的，风险正是由于追寻机会所引起的。项目的历程就是追寻机会的过程，如解决一个问题或实现一个需求，项目过程中充满了创造性和不确定性，每个机会都会带来一系列风险。应该对这些风险进行判断并适当管理，确保每个机会都能实现预定的目标。

二、物流工程项目风险类型

风险的起因包括可能引起消极或积极结果的需求、假设条件制约因素或某种其他状况。依据风险的性质、结果及彼此间的关系对风险进行分类，有助于风险管理人员理解风险、全面识别风险，提高风险识别过程的效率和质量。

1. 技术风险

技术风险指由于技术的不成熟、复杂性及技术熟练程度等因素导致的项目技术方案、施工和运行等方面的风险。

扫码看视频

> **【案例】系统集成的风险导致项目失败**
>
> A集团是一家以空调、冰箱为主要产品的大型企业，约有2万名员工，总部在华东某市，在全国各省市均有分支机构。2007年A集团成功实施了国际品牌的ERP系统，提升了企业管理水平和运作效率。其在ERP选型时发现，国外的人力资源管理模块不适合A集团实际需求，软件商不愿意为客户定制开发新内容，所以，在签订ERP系统购买与实施合同中，没有包含人力资源管理模块。
>
> A集团领导深知人力资源管理的重要性，决定再实施一套HR软件。在软件选型时有两个关键要求：一是必须满足人力资源管理业务需要；二是新软件必须能够与ERP系统实现集成。而各品牌产品设计思路和开发技术不同，进行集成是一件很困难的事情，需要大量的开发工作且不能保证产品的可靠性和稳定性，多家软件商对此要求望而却步。2008年1月，A集团信息中心和人力资源部组成的项目小组对多家市场占有率较高的软件商进行了考察，广州M公司的销售经理承诺会派出强大的开发力量，保证开发出满足管理需求的人力资源管理模块，并与ERP系统实现集成。M公司的HR软件是成熟的产品，已经在市场上销售了多年，拥有一批大客户。双方签订了实施合同，工期为5个月，总价为80万元。
>
> M公司从广州派出5名工程师，从华东分公司派出4人配合工作（这4人缺乏大项目开发经验），组成项目开发团队进驻A集团。项目开始后，工程师们发现HR软件与ERP系统采用的开发技术不同，整合难度并非销售经理介绍得那样简单，在现有时间和人员情况下是无法完成任务的。M公司开发部批评销售部为了拿订单而做出不合理的承诺，增派人员到现场支援，经过5个月的努力，产品终于上线，但系统运行并不稳定，不少业务功能没有达到客户的要求，而项目成本却超出了合同价格。

2. 商业风险

商业风险是指由于市场预测失误、价格变动、汇率变化、通货膨胀等导致项目成本超支或投资损失。

> **【案例】物价波动导致施工企业亏损**
>
> M建筑公司承担了某医院住院楼的建设项目。在投标过程中施工部门没有代表参与，销售部门为了拿到合同采取了低价策略，在工程报价和支付条件等方面没有认真评估就签订了承包合同。施工过程中原材料价格变化很大，尤其是钢材大幅度涨价，造成工程成本超支。医院不予认可，要求超支金额全部由M建筑公司承担。另外，医院要求垫资施工，由于工程量较大，垫资额也很高，项目部借款1000万元作为流动资金，加大了项目成本。尽管项目部配备了较强的管理人员队伍，采取了一系列补救措施，竣工时依然亏损。

3. 执行风险

在项目执行过程中，一些与项目计划执行相关的细节是未知的，如地理或物理条件对项目执行可能产生负面影响，这类风险称为执行风险。

> **【案例】施工环境带来的风险**
>
> 某山区通信施工项目规划有180个站点，由于业主从发标到截标时间短，承包商无法进行现场勘查，只能根据招标人提供的信息和有限勘查信息，对项目施工环境情况进行估计。中标企业项目施工队伍到达现场后，发现实际施工条件与预期差别很大，部分站点位于峭壁或铁路隧道口，受空间位置和第三方因素限制较多，工程延期和成本上升的风险很大。

4. 合约或法律风险

业主与承包商签订合同时，严格的约束条款和条件会导致巨大的项目风险，如果一方不能按照要求完成约定的任务将受到对方索赔。项目合同中规定了竣工日期，如果工期延误，承包商将会被业主索赔。

5. 管理风险

管理风险是指由于项目管理人员的计划与组织能力差、项目成员素质不高、机构设置不合理、岗位职责不明确、制度不健全等原因，导致项目管理不善而影响项目目标的实现。

6. 社会风险

社会风险是指由于政局不稳或反常的团体行为所造成的项目风险，如政权异常更换、罢工、战争、恐怖行为、国际关系、国家政策变化等。

三、物流工程项目风险管理的定义

物流工程项目风险管理是指项目管理者对项目生命周期内可能遇到的风险进行预测、识别、分析、评估，并在此基础上采取减少风险损失的措施。项目组织应在整个期间积极、持续地开展风险管理，否则，实际发生的风险就可能给项目造成严重影响，甚至导致项目失败。风险管理的目标是提高项目积极事件的概率和影响，降低项目消极事件的概率和影响。

四、物流工程项目风险管理计划

物流工程项目风险管理计划是定义如何实施项目风险管理活动的过程，其作用是为风险管理安排充足的资源和时间，为风险评估奠定一个共同认可的基础，其目的是强化风险管理的思路和途径，以预防、减轻、遏制或消除不良事件的发生及影响。风险管理计划应在项目构思阶段开始，在项目规划阶段的早期完成。

风险管理计划的编制分为以下几个步骤：

1）分析项目目标、项目计划、外部环境、项目资源等资料，从风险的角度分析项目的主要特点。

2）建立风险管理机构，指派负责人员，明确其职责和权限。

3）确定项目风险分析采用的技术和工具。

4）定义项目风险的类型、级别及判断某些事件为风险的标准。

5）确定主要风险应对措施及其需要的资源。

6）确定项目风险监控的起止时间、跟踪手段。

7）编写项目风险管理计划。

在具体计划编写过程中，还要考虑风险管理策略是否正确可行，判断实施管理策略的措施和手段是否符合项目总目标，并分析其他客观条件。项目团队通常采取规划会议的方式制订或审议风险管理计划，参会人应包括项目经理、相关团队成员和风险管理岗位等，会议上制订实施风险管理活动的总体计划，确定风险管理的成本，并将其纳入项目成本预算和进度计划。

风险管理计划一般包括以下内容：

1）说明采用的风险管理的方法、工具及数据来源。

2）明确风险管理角色与职责。确定风险管理计划中每项活动的领导者和支持者，以及风险管理团队的成员，明确每个人的职责。

3）确定风险管理预算。估算风险管理的资金，纳入成本预算计划，建立应急储备。

项目风险费用构成见表 7-1。

表 7-1 项目风险费用构成

序号	费用名称	内容
1	风险管理费	项目管理团队对风险识别、分析、评价和制订应对措施花费的开支，如保险费、咨询费、风险转移给另一方的补偿费、处理风险的时间损失和其他机会成本
2	风险损失费用	风险发生后造成的直接或间接损失，如设备损坏费、事故调查费、赔偿金、返工费用、延期造成项目预期收益降低等
3	风险存在引起的费用	由于风险是客观存在的，项目组织必须配备风险管理人员和监测人员，购置检测设备，这会发生一定数量的人工费和设备采购费
4	个人费用与社会费用	如果项目风险造成人身伤亡，除了项目组织要支付赔偿金与抚恤金外，当事人家庭和社会还要承担丧失劳动能力人员的抚养费用

4）时间安排。确定实施风险管理过程的时间和频率，建立应急储备资金使用方案，确定应纳入进度计划的风险管理活动。

5）风险分类。按照风险来源的相似性对项目风险划分类别，便于识别风险及选择适当的应对策略。风险分解结构是常采用的简单有效的工具，其按照风险类别和子类别来排列已识别的风险，建立一个层级结构，直观地显示潜在风险的所属领域和产生原因。已完成项目的风险分解结构可以被同一类新项目在识别风险时作为参考。

6）风险概率和影响。对风险的概率和影响划分层次有利于进行定性分析。

7）跟踪审计方法。规定如何用文档方式记录风险活动，确定是否需要对风险管理过程进行审计及如何审计，这些文档有助于总结经验教训。

项目二 物流工程项目风险识别

学习目标：
1. 掌握物流工程项目风险识别的方法。
2. 理解物流工程项目风险识别的注意事项。

物流工程项目风险识别是判断哪些风险会影响项目并记录其特征的过程，包括确定风险来源、风险产生的条件及风险特征等，主要成果是形成初步的风险登记册。风险识别是一个需要反复进行的过程，随着项目的进展，某些原来可能发生的风险可能消除而又有新的风险产生。风险识别活动反复的频率及每一轮参与者应根据项目情况而异。

风险识别活动的关键参与者包括项目经理、项目团队成员、风险管理人员、客户、最终用户、其他项目经理、干系人和风险管理专家等。除此之外，应鼓励尽可能多的人员参与风险识别工作。在不确定性因素较复杂的项目中，项目成员广泛参与有利于识别出各类潜在的风险。

风险识别的依据是项目风险管理计划、活动成本估算、活动持续时间估算、项目范围基准、成本管理计划、进度管理计划、质量管理计划、干系人信息、项目文件和环境因素等。风险识别的过程是首先收集上述资料和历史上同类项目的风险管理资料，其次，经过比较分析将所有风险识别出来，按照规范形式编写初步的风险登记册，在后续风险管理过程中细化。

风险识别常用方法和工具有头脑风暴会议、风险核对表、假设分析和图解技术等。

1. 头脑风暴会议

将项目成员、高层经理和客户等聚集在一起，通过头脑风暴会议产生一个潜在风险因素的清单。为了使会议成果更有效，对他人的观点不做评价和批评，也不应采取强制措施让大家保持一致。使用头脑风暴会议法的环境必须安全，应鼓励所有成员畅所欲言而不需承担风险。

2. 风险核对表

风险核对表是基于以前类似的项目信息及其他渠道积累的信息与知识而编制的，也可以用风险分解结构的底层作为风险核对表，表中风险一般按照来源排列，见表7-2。利用风险核对表识别项目风险的方法简单快捷，但应注意项目的可比性。风险核对表方法的缺点是，人们无法编制出一个穷尽所有可能因素的风险核对表。一个项目收尾时，应根据经验和教训改进风险核对表，供未来的项目使用。

表7-2 某工程项目风险核对表

序号	风险分类	风险事件	可能引起的后果
1	安全风险	行为风险	工具或工程产品遭到破坏
2		个人安全意识	不按规定操作，造成人身伤害
3		现场安全管理	员工安全意识不强
4		特殊工种	易造成质量或安全事故
5		食物中毒	造成人员伤亡
6	经济风险	市场价格变动	影响进度和成本
7		金融市场要素	影响成本
8		资金、材料、设备供应	对进度和造价产生影响
9	技术风险	施工准备	对成本产生影响
10		设计变更	对技术和成本产生影响
11		施工技术协调	对技术和成本产生影响

(续)

序号	风险分类	风险事件	可能引起的后果
12	合同风险	分包合同	索赔及增加管理或工程成本
13		履约方面	索赔及增加管理或工程成本
14	管理风险	技术人员流动	对进度、成本、质量产生影响
15		关键人物的责任心	对进度、成本、质量产生影响
16		管理流程	增加管理成本

3. 假设分析

每个项目和每个已识别的风险都是基于一套特定的假想、设想或假设的，当这些假设不成立时，项目活动将难以按照项目计划顺利推进，项目目标会受到影响。假设分析就是检验假设条件在项目中的有效性，并识别因其中的错误、变化、矛盾或片面性所导致的风险。通常采取风险说明文档对风险进行识别。风险说明文档是根据历史相似项目的不确定性编制的问题列表，在使用时要进行必要的修改。

4. 其他方法

在风险识别过程中也常采取鱼刺图法、SWOT分析法、专家判断法及环境分析法等。鱼刺图法用于识别风险的起因，采用过程流程图分析各要素之间的相互联系。SWOT分析法是从项目组织或更大范围识别组织的优势和劣势，发现组织优势创造的各种机会及劣势带来的威胁，识别出产生于内部的所有风险。专家判断法是邀请有类似项目经验的专家，根据以往经验和专业知识指出可能的风险。环境分析法是通过分析内外部环境（包括顾客、供应商、竞争者、政府4个部分）的相互关系及其稳定程度来分析潜在的风险。

风险识别过程要注意几个要点：

1）关注风险产生的原因而不要局限于风险产生的后果。

2）风险识别工作开始时关注对整个项目有影响的风险，主要风险确定后再去识别对某个特定部分有影响的小风险。

3）项目组织对待风险的态度是决定风险能否识别成功的重要因素，必须营造风险管理的浓厚氛围，鼓励大家努力找出潜在风险事件，可以设立奖励来激励主动识别风险的人员。

4）咨询风险管理以外的部门或专家。

5）风险识别应持续进行，并及时更新项目风险登记册。

6）关注风险管理的效率与效益，争取以最小的风险管理投入获得最大的回报。

项目三　物流工程项目风险应对

学习目标：

1. 理解物流工程项目风险应对的主要环节。
2. 掌握消极风险的应对策略。
3. 掌握积极风险的应对策略。

物流工程项目风险应对是针对项目目标制订提高机会、降低威胁的方案和措施，根据风险的优先级制订切实可行的应对措施，减少风险事件发生的概率及降低损失程度。风险应对措施必须与风险的重要性相匹配，既能有效地应对挑战又切实可行，并得到主要干系人的认可。在条件允许的情况下，尽可能制订多个备选方案，以便及时选择最佳的应对措施。制订项目风险应对措施的过程包括以下主要环节：

1）确认风险识别和风险评价结果。
2）分析项目内外部各种条件。
3）分析可用于处理各种风险的资源和能力。
4）设定风险处理后应达到的目标。
5）针对不同风险拟定多种应对策略备选方案。
6）比较各种方案和代价与效果并做出选择。
7）执行风险应对方案。

一、消极风险应对策略

在项目开始之前投入的努力越多越有可能让项目意外下降到最少。为了应对消极风险，可分别从消除风险因素、降低风险发生概率和减轻风险后果3个方面采取措施。

1. 回避策略

风险回避是指改变项目管理计划以完全消除威胁。项目经理也可以把项目目标从风险的影响中分离出来，或改变受到威胁的目标，如延长进度、改变策略或缩小范围，极端的回避策略是取消整个项目。该策略是从根本上放弃使用有风险的项目资源、项目技术、设计方案等。采取该策略可能要做出一些必要的牺牲，但比风险发生时造成的损失要小得多。

2. 转移策略

风险转移是将项目面临的风险转移给其他人或组织来承担的行为。通过合约，将风险事故发生时的一部分损失转移到项目以外的第三方。转移风险是把风险管理责任简单地推给另一方而非消除风险。转移策略对处理风险的财务后果最有效，适用于发生概率小但损失大，或者项目组织很难控制风险的项目。风险转移可以采用多种工具，如出售、发包、合同免责条款、责任转移条款、保险与担保、履约保函等。

1）出售。通过买卖契约将风险转移给其他组织，在出售项目所有权的同时把风险转移给了对方。

2）发包。通过从项目组织外部获取货物、工程或服务而将风险转移出去。

3）合同免责条款。当无法转移蕴含项目风险的活动或者转移代价太高时，尽量通过合同免责条款排除己方的责任。

4）责任转移条款。在工期较长的项目中，承包商面临着由于原材料价格上涨而导致亏损的风险，可以在承包合同中规定价格上涨超过一定幅度后，额外的采购成本由客户承担或合同价格相应上调。很多情况下，成本补偿合同可把成本风险转移给买方（客户），而总价合同会把风险转移给卖方（即承包商）。

5）保险。保险是指投保人根据合同约定，向保险人支付保险费，保险人对于合同约定的可能发生的事故（风险）因其发生所造成的财产损失承担赔偿保险金责任，或者当被保险人死亡、伤残、疾病或者达到合同约定的年龄、期限时承担给付保险金责任的商业保险行为。

6）担保。在工程施工阶段比较适合采取保证和抵押两种担保方式。保证是指保证人和债权人约定，当债务人不履行到期债务或者发生当事人约定的情形时，保证人履行债务或者承担责任的行为。抵押是指债务人或者第三人不转移财产的占有，将该财产抵押给债权人的，债务人不履行到期债务或者发生当事人约定的实现抵押权的情形，债权人有权就该财产优先受偿。

3. 减轻策略

减轻策略包括风险预防与损失控制两种方式。风险预防是在风险发生前采取积极的措施，把风险事件的概率和影响降低到可以接受的临界值范围内，这是一种积极主动的策略选择，比风险发生后设法补救有效得多。损失控制是在风险损失已经不可避免地发生后，采取措施减少损失发生的范围，遏制损失继续恶化。

4. 接受策略

接受风险是指当风险不能避免或有可能获利时由自己承担风险的做法。它可分为无意识地接受和有意识地接受两种情况，无意识接受风险是不知风险的存在而未加处理，有意识接受风险是知道风险事件可能发生但自己承担风险。主动接受风险是因为项目风险是客观存在的，小概率风险可能在项目中大量出现，由于它们发生概率小（如地震、洪水）或者影响非常小，在有限的项目资源约束下，不能消除全部威胁也无法转移风险，或者控制风险的成本很高而得不偿失时，项目组织就接受这些风险。风险接受策略的判断标准有以下几个：

1）接受费用低于保险公司收取的费用。
2）企业认为期望损失低于保险公司的估计。
3）项目组织认为项目最大期望损失较小。
4）项目组织有承受最大期望损失的能力。
5）损失和费用支付分布于很长的时间，存在很大的机会成本。
6）项目投资机会非常好。

二、积极风险应对策略

应对积极风险可选择开拓策略、分担策略、提高策略以及接受策略4种策略。为具体的风险选择适当的策略，以充分抓住风险带来的机会，获取最大的商业回报。

1. 开拓策略

开拓策略旨在消除与某个特定积极风险相关的不确定性，确保机会肯定出现。直接开拓包括把组织中最有能力的资源分配给项目，以缩短完成时间或节约成本。

2. 分担策略

分担策略是指实施某个项目具有巨大商机或项目中必须进行某些活动，而又必须承担相应风险时，通过增加合作方来共同分担风险，减轻每一个投资者的压力。分担积极风险是把应对计划的部分或全部责任分配给最能为项目利益抓住该机会的第三方，包括建立风险共担的合作关系和团队，以及为特殊目的成立公司或联营体，其目的是充分利用机会，使各方都从中受益。

3. 提高策略

提高策略旨在提高机会的发生概率和积极影响，识别那些会影响积极风险发生的关键因素，并使这些因素最大化，以提高机会发生的概率，如为尽早完成活动而增加资源。

4. 接受策略

接受策略是指当机会发生时乐以利用，但不主动追求。

三、应急策略

应急策略是当已识别的风险事件发生时应采取的行动策略及步骤，以降低项目风险的负面效应。针对某些特定事件专门设计一些应对措施，当预定条件发生时才能实施这些应对策略。如果确信风险的发生会有预警信号就必须制订应急策略，对触发应急策略的事件进行定义和跟踪，如未实现阶段性里程碑、关键人员离职等。

思考与训练

1. 你怎么看待项目风险与项目机会的关系？
2. 请分析以下案例并回答问题。

Y房地产开发公司已经成功运作了一个小区的开发，正当决策层准备开发新楼盘时，国家宏观调控楼市的政策收紧，继续投资房地产项目的风险大大增加。董事会发现我国老龄化社会正在到来，老年人养老已经成为一个大问题，很多老年人因为儿女工作繁忙无暇照顾，生活多有不便，而养老院床位严重不足。随着家庭养老观念淡化，社会养老意识被接受，养老院的前景非常可观，并且，国家对于民间资本办养老机构有很多优惠政策。因此，Y公司正在酝酿投资建设一个可容纳千人的大型养老院，计划选址在郊外的南山脚下，这里空气清新，环境优美，计划征地80亩，建设公寓、餐厅、活动室、医务室、户外健身设施等，项目总计划投资约5000万元。

思考：请分析该项目主要面临哪些风险？分别评估各个风险的严重程度，并制订应对计划。

3. 讨论并分析一下你们小组在单元二思考与训练第3题中所选项目的主要风险有哪些？

单元八
物流工程项目人力资源管理

引 例

2009年2月20日，国家发改委批复了西安咸阳国际机场二期扩建工程可行性研究报告，批准建设内容包括新建一条3800m×60m的跑道、3号航站楼、机位33个、停车场10.9万m²，及供电、水、暖、消防等设施，总投资103.91亿元，其中机场工程99.6亿元。2009年2月26日，中国民用航空局批复了工程总体规划，工程进入施工阶段。而在此之前，该项目已经启动了5年，众多部门和机构参与了该项目的规划阶段。仅在项目可行性研究阶段涉及的部门就有中国民航机场建设集团公司、中国民用航空西北地区空中交通管理局航务处、国家发改委、中国民用航空局、中国环境科学研究院、国家生态环境部环境工程评估中心、中国建设银行、中国农业银行、兰州军区空军、中央军事委员会、兰州地区空管协调委、国家空中交通管制委员会、空军司令部航管部、陕西省政府、陕西省发改委、机场集团公司等。项目开工后，涉及大量村庄搬迁和土地征用，涉及人员和单位包括农民、基层组织、项目设计单位、承建单位、监理机构、供应商、贷款银行、航空公司、政府部门、投资者、质量检测机构等，关系极为复杂。

物流工程项目确定以后，管理工作需要由精干的组织去进行。根据不同物流工程项目的特点，构建适合的组织构架，组建良好的工作团队，方能顺利地完成项目目标。

项目一 项目经理

学习目标：
1. 理解项目经理的职责。
2. 理解项目经理需要具备的技能。

扫码看视频

一、项目经理的职责

项目经理应确保全部工作已在预算范围内按时优质地完成，从而使客户满意。项目经理的基本职责是领导项目的计划、组织和控制工作，以实现项目目标。换句话说，项目经理的职责就是领导项目团队完成项目目标。

1. 计划

首先，项目经理要高度明确项目目标，并就该目标与客户取得一致意见。接下来，项目经理与项目团队就这一目标进行沟通交流，这样，他们就能对成功完成项目目标所应做的工作达成共识。项目经理作为带头人，领导团队成员一起制订实现项目目标的计划。通过让项目团队参与制订这一计划，项目经理可以确信，这样的计划比他单独一个人制订更切合实际。而且，这样的参与将使团队成员为取得项目目标做出更大的投入。然后，项目经理与客户对该计划进行评价。计划获得认可后，还需建立起一个项目管理信息系统，以便将项目的实际进度与计划进度进行比较。同时要使项目团队理解、掌握这一系统。

2. 组织

组织工作涉及为开展工作获取合适的资源。首先，项目经理应决定哪些工作由组织内部完成，哪些工作由承包商或顾问公司完成。对于那些由组织内部负责的工作，负责这一工作的具体人员应对项目经理做出承诺；对于由承包商完成的工作，项目经理应对工作范围和交付物做出清楚的定义，并与每一个承包商协商达成一致。项目经理也将根据各种任务为具体的人员或承包商分配职责，授予权力，前提条件是这些人在给定的预算和时间进度计划下能够完成任务。

3. 控制

为了实施对项目的监控，项目经理需要一个项目管理信息系统，跟踪实际工作进度并将其与计划进度进行比较。这一系统将有助于项目经理了解哪些工作对完成目标是有意义的，哪些是劳而无功的。项目团队成员需掌握其所承担任务的工作进度，并定期提供有关工作进展、时间进度及成本的相关数据。这些资料会在定期召开的项目工作评审会议上公布。如果实际工作进度落后于计划进度，或者发生意外事件，项目经理应立即采取措施。

项目经理通过计划、组织、控制来领导项目工作，但决不可大权独揽，应使团队成员参与进来，使他们为圆满地完成项目工作做出更大的投入。

二、项目经理的技能

对于一个成功的项目，项目经理是不可或缺的主要因素。除了在对项目的计划、组织、控制方面发挥领导作用外，项目经理还应具备一系列的技能来激励员工取得成功，赢得客户的信任。领导能力、人员开发能力、沟通技巧、人际交往能力、处理压力和解决问题的能力及管理时间的能力都是项目经理应具备的技能。

1. 领导能力

有人说领导工作就是通过别人来完成工作，项目经理就是通过项目团队来取得工作成果的。项目领导工作包括激励项目成员齐心协力地工作，以成功地完成计划，实现项目目标。项目经理要为团队形象地勾画出项目的愿景。

领导作用要求项目经理提供指导而不是指挥工作。项目经理所需做的工作是制订准则和纲要，由项目成员自己决定怎样完成任务。领导有方的项目经理从不教导成员怎样做工作。

项目领导工作要求团队成员的参与和授权。每个人对自己的工作都想拥有控制权，以表明他们有能力完成任务。在给成员授权，让他们可以做出与其工作相关的决策时，项目经理应制订一个明确的纲领，而且还应包括一些限制。同样，如果一个团队内的某个人或团队成员所做的决定对其他成员的工作、预算或进度计划产生不利影响，那么，也要与项目经理进行协调。

有能力的项目经理懂得激励成员，并能创造出一种富于支持和鼓励的工作环境，使大家能在这一环境下组成一个表现杰出的团队，出色地完成工作。

项目经理要建立一种相互信任、充满乐趣而又有发展空间的工作环境，为项目团队的工作确立基调。为建立起相互信任的氛围，项目经理要言行一致，身体力行。

项目经理应从工作中获得乐趣，也鼓励项目团队成员获得同样的乐趣。绝大多数从事项目工作的人都要寻求归属和社会认同，他们不愿意单独工作。

2. 人员开发能力

优秀的项目经理有责任对项目团队成员进行训练和培养。他们将项目视为每个成员增加自身价值的良好机会，这样，每个成员在项目结束时就拥有了比项目开始时更丰富的知识和更强的竞争力。项目经理应创造一种学习环境，使员工能从他们所从事的工作中、从他们所经历的项目中获得知识。项目经理应经常就自我发展的重要性与团队交流意见。

优秀的项目经理相信所有成员对组织都是有价值的，他们通过不断学习，可以做出更大的贡献。通过鼓励成员积极进取，项目经理可以突出强调自我提高的意义。有能力的项目经理会积极鼓励成员进行创新，承担风险，做出决策，这是学习和发展的良机。

3. 沟通技巧

项目经理一定要是一个良好的沟通者，他需要与项目团队及承包商、客户、公司高层管理人员定期交流沟通。频繁、有效的沟通可以保证项目的顺利进行、及时发现潜在问题、征求到改进项目工作的建议、保持客户满意、避免发生意外。尤其在项目工作早期，更需要进行非常完善的沟通，与项目团队建立起一个良好的工作关系，并与客户一起对项目目标有一个清晰的预期。

优秀的项目经理会通过多种渠道进行沟通，分享信息。他们要接触项目团队成员、客户及公司上层管理人员，或与这些人进行非正式的谈话。他们也向客户及公司上层管理人员提交书面报告。这些任务都要求项目经理要具备良好的口头及书面沟通能力。有时听比说获益更多，因此，优秀的项目经理会花更多的时间来听别人说，而不是自己说。

项目经理要与客户保持沟通，使客户能及时了解项目情况，并了解客户对项目的期望是否有变化。为使客户在项目的整个进程中都满意，项目经理与客户应该定期交谈。

项目经理要为团队和客户提供及时的反馈，好消息和坏消息都应当及时共享。项目经理应提倡及时、公开地进行沟通，不要担心遭到报复。项目经理要能接纳不同的意见。

4. 人际交往能力

人际交往能力是项目经理必备的技能，这类技能需要良好的口头和书面沟通能力。为使每位项目成员知道自己在实现项目目标中的重要作用，项目经理对每个成员要有明确的期望。为此，项目经理要让团队成员参与制订项目计划，使他们了解每个人所承担的工作任务，以及这些任务如何结合起来。

5. 处理压力的能力

工作中会出现一些压力，项目经理要有能力化解这些压力。当项目工作陷入困境或因为成本超支、计划延迟，以及设备、系统的技术问题而无法实现目标时，当客户要求变更工作范围或团队内就某一问题的最佳解决方案产生争议时，压力可能会增大。有时，项目工作会变得紧张迫切。项目经理须保持冷静，不能急躁。优秀的项目经理能够应付不断变化的局势，因为即使有最精心拟订的计划，项目也会遇到不可预见的情况，导致突然的震荡。项目经理要保持镇定冷静，使项目团队、客户和公司管理层不要因惊慌和挫折而陷入困境。

某些情况下，项目经理要在项目团队与客户或项目团队与公司管理层之间起缓冲作用。如果客户或公司管理层对项目进度不是十分满意，项目经理要承受指责，以免使项目团队受到打击。在与项目团队就不足之处进行沟通时，要用一种激励的方式，鼓励他们迎接挑战。

6. 解决问题的能力

项目经理要是一个问题解决专家。发现问题要比解决问题容易，但好的解决问题的方法是首先要尽早发现问题或发现潜在问题。尽早发现问题，就会有充足的时间来设计出成熟的解决方案。另外，如果尽早发现问题，解决问题的代价会小一些，对项目其他部分的影响也会小一些。做好发现问题这一工作，要有一个及时准确的信息传送系统，要在项目团队、承包商及客户之间进行开放而及时的沟通，要依据经验果断采取行动。

项目经理要鼓励项目团队成员尽早发现问题并予以解决。解决问题时，项目团队要自我指导，不要等待和指望项目经理代劳。

7. 管理时间的能力

优秀的项目经理能充分利用好他们的时间。项目工作要求项目团队成员有充足的精力，因为他们会同时面临许多工作及无法预见的事情。为尽可能有效地利用时间，项目经理要自我约束，能够辨明先后主次，并愿意授权。

项目二　项目团队

学习目标：
1. 理解项目团队的发展及其有效性。
2. 理解项目团队工作可能存在的障碍。
3. 掌握项目团队冲突的处理方法。

一、项目团队的发展及其有效性

在许多项目中，从未在一起工作过的人员会被分配到一起。为成功实现项目目标，必须使这样一组人员发展成为一个有效率的团队。布鲁斯·塔克曼定义了团队发展的5个阶段：组建期、激荡期、规范期、执行期和休整期。

1. 组建期

组建期也称项目形成阶段，是团队发展进程中的起始步骤。它促使个体成员转变为团队成员，在这个阶段，团队中的人员开始相互认识。团队成员总体上有一个积极的愿望，急于开始工作。团队开始成形，并试图对要完成的工作明确划分并制订计划。然而，这时由于个人对工作本身和他们相互关系的高度焦虑，几乎没有进行实际工作。团队成员不了解他们自己的职责及其他项目团队成员的角色。在形成阶段，团队需要明确方向，要靠项目经理来指导和构建团队。

在形成阶段，项目经理要进行团队的指导和构建工作。为使项目团队明确方向，项目经理一定要向团队说明项目目标，并勾画出项目成功的美好前景及成功所产生的益处，公布有关项目的工作范围、质量标准、预算及进度计划的标准和限制。项目经理要讨论项目团队的组成、选择团队成员的原因、他们的互补能力和专业知识，以及每个人为协助完成项目目标所扮演的角色。项目经理在这一阶段还要进行组织构建工作，包括确立团队工作的初始操作规程，如沟

通渠道、审批及文件记录工作，这类工作规程会在未来的阶段发展中得到完善和提高。为减轻团队成员的焦虑，项目经理要探讨自己对项目团队成员工作及行为的管理方式和期望，更要使团队着手一些起始工作。这一阶段，项目经理要让团队参与制订项目计划。

2. 激荡期

团队发展的第二阶段是激荡期。这一阶段，项目目标更加明确。成员们开始运用技能着手执行分配到的任务，开始缓慢推进工作。但现实也许会与个人当初的设想不一致。在激荡期，冲突产生，气氛紧张，需要为应付及解决矛盾达成一致意见。这一阶段士气较低且起伏不定，成员们可能会抵制形成团队，因为他们要表达与团队集体相对立的个性。

激荡期的特点是人们有挫折、愤怨或者对立的情绪。工作过程中，每个成员根据其他成员的情况，对自己的角色及职责会产生更多的疑问。当开始遵循操作规程时，他们会怀疑这类规程的实用性和必要性。成员们希望知道他们的控制程度和权力大小。

在激荡期，项目经理仍然要进行指导，但比形成阶段的力度要小。他要对每个人的职责及团队成员相互间的行为进行明确和分类，使每个成员明白无误。有必要让团队一起参与解决问题，共同做出决策，以便给团队授权。

3. 规范期

经受了激荡期的考验后，项目团队就进入了发展的规范期。团队成员之间、团队与项目经理之间的关系已确立好了，绝大部分个人矛盾已得到解决。总体来说，这一阶段的矛盾程度要低于激荡期。同时，随着个人期望与现实情形——即要做的工作、可用的资源、限制条件、其他参与的人员相统一，人们的不满情绪也就减少了。项目团队接受了这个工作环境，项目规程得以改进和规范化。控制决策权从项目经理移交给了项目团队，凝聚力开始形成，有了团队的意识，每个人都觉得自己是团队的一员，他们也接受其他成员作为团队的一部分。每个成员为项目目标所做的贡献都得到认同和赞赏。

这一阶段，随着成员之间开始相互信任，团队的信任得以发展。团队成员大量地交流信息、观点和感情，合作意识增强，并感觉到他们可以自由地、建设性地表达他们的情绪及评论意见。团队经过这个社会化的过程后建立了忠诚和友谊，也有可能建立超出工作范围的友谊。

在规范期，项目经理应尽量减少指导性工作，更多地扮演支持者的角色。此阶段工作进程加快，效率提高，项目经理应对项目团队所取得的进步予以表扬。

4. 执行期

团队发展成长的第四阶段是执行期。项目团队成员积极工作，急于实现项目目标。这一阶段的工作绩效很高，团队有集体感和荣誉感，信心十足。项目团队能开放、坦诚、及时地进行沟通。在这一阶段，团队根据实际需要，以团队、个人或临时小组的方式进行工作，团队成员相互依赖度很高。他们经常合作，并在自己的工作任务外尽力相互帮助。团队成员能感觉到高度授权，如果出现问题，就由适当的团队成员组成临时小组，解决问题并决定如何实施方案。随着工作的进展并得到表扬，团队成员获得满足感。个体成员会意识到，作为项目工作的结果，他们正获得职业上的发展。

在执行期，项目经理完全授责授权，赋予团队权力。他的工作重点是帮助团队执行项目计划，并对团队成员的工作进度和成绩给予表扬。这一阶段，项目经理集中关注预算、进度计划、工作范围及计划方面的项目业绩。如果实际进度落后于计划进度，项目经理的任务就是修正行动的制订与执行。同时，项目经理在这一阶段也要做好培养工作，帮助项目工作人员获得职业上的成长和发展。

5. 休整期

在该阶段任务完成，团队解散，也称项目解散阶段。

二、项目团队工作障碍

尽管每个项目团队都有潜力来高效率地工作，但通常会存在一些障碍，使得团队难以达到其力所能及的效率水平。下面是一些对项目团队有效工作的障碍以及克服这些障碍的建议。

1. 目标不明确

项目经理应该在第一次项目会议上详细说明项目目标及项目工作范围、质量标准、预算和进度计划，对项目结果及其产生的益处做出美好的勾画，并针对性地与大家沟通交流。

在第一次项目会议上，项目经理要知道团队成员是否真正理解了这些情况，并回答任何他们可能提出的问题，然后把这一情况，包括在这次项目会议上所做的解释说明，一起以书面的形式分发给项目团队中的每位成员。在项目进展情况总结会议上，项目经理要定期讨论项目目标。

2. 角色和职责不明确

成员们可能会觉得他们的角色和职责含糊不清，或与一些成员的职责重复。在项目开始时，项目经理要与项目团队的每位成员单独会谈，告诉他被选中参加项目的原因，说明对他的角色及职责期望，并解释说明他们与其他成员的角色和职责的相互联系。项目团队成员可以自由地要求项目经理阐明模糊不清的地方，以及明显存在的职责重复。

3. 项目结构不健全

在这种情况下，成员会觉得团队里每个人都有各自不同的工作方向，或没有建立起团队工作的规程。这也是项目经理要让团队成员参与制订项目计划的原因。

4. 缺乏工作投入

团队成员可能看起来对项目目标或项目工作不太投入。要解决这一难题，项目经理需要向每个成员说明他的角色对项目的重要意义，以及他能为项目成功做出怎样的贡献。项目经理也要知道团队成员的个人及职业兴趣，并设法使项目任务能有助于满足这些兴趣，创造出一个充满激励的工作环境。

5. 缺乏沟通

沟通不足使得团队成员对项目工作中发生的事情知之甚少，或成员之间不能有效地交流信息。项目经理的一项重要工作就是按发布的计划日程定期举行项目工作情况评审会议，要求所有项目团队成员对他们的工作情况进行简要总结，鼓励他们积极参与并提出问题。项目经理要鼓励团队成员在必要时组织起来交流信息，进行合作并解决问题，而不是等待正式的项目会议。

6. 领导不力

项目经理一定要积极征求团队成员对他工作的反馈，以免使团队成员认为他的领导工作没有做好。项目经理要在早期项目会议上声明，要求团队成员经常对他的工作情况做出反馈，并欢迎大家提出建议，以提高他的领导能力。

7. 项目团队成员的流动

如果团队组成经常变化，新人员不断被分配到项目中，原有的人员离去，这种过于频繁的人员流动就不利于团队凝结起来。项目经理要尽量为项目团队选择有多方面才能的人员，以便其能胜任项目多方面的需求，从而能长期为该项目工作。

8. 不良行为

当团队成员做出一些不利于团队有效发展的行为时，项目经理就要与这类人谈话，指出他的不良行为，并向他解释和说明这种行为对项目团队的不利影响。如果合适的话，对这个成员进行指导或培训。

三、项目团队冲突处理

1. 项目工作中的冲突

项目工作中的冲突是必然存在的。人们也许认为冲突一无是处，应尽量避免，但是，有不同的意见是正常的，因此冲突也是可以接受的。试图压制冲突是一个错误的做法，因为冲突也有其有利的一面，它让人们有机会获得新的信息，另辟蹊径，制订更好的问题解决方案，加强团队建设，这也是学习的好机会。

2. 冲突来源

在项目过程中，冲突来源于各种情形。它可能涉及项目团队成员、项目经理甚至是客户。以下是项目工作中冲突的来源：

1）工作内容。关于如何完成工作、要做多少工作或工作以怎样的标准完成会存在不同的意见，从而导致冲突。

2）资源分配。冲突可能会由于分配某个成员从事某项具体任务或某项具体任务分配的资源数量多少而产生。

3）进度计划。冲突可能来源于对完成工作的次序及完成工作所需时间长短的不同意见。

4）成本。项目进程中，经常会由于工作所需成本的多少产生冲突。

5）先后次序。当某一人员被同时分配在几个不同项目中工作，或当不同人员需要同时使用某种有限资源时，可能会产生冲突。

6）组织问题。有各种不同的组织问题会导致冲突，特别是在团队发展的激荡期。

7）个体差异。由于偏见或者在个人价值及态度上的差异，团队成员之间会产生冲突。

3. 冲突处理

冲突不能完全靠项目经理来处理解决，团队成员间的冲突应该由相关成员来处理。处理恰当，冲突也有其有利的一面。例如，它能将问题暴露出来，使其及早得到重视；它能激起讨论，澄清成员们的观念；它能迫使成员寻求新的方法；它能培养人们的创造性，增强解决问题的能力。如果正确处理，冲突会促进团队建设。然而，如果处理不当，冲突会对项目团队产生不利的影响。冲突处理的方法如下：

1）回避或撤退。回避或撤退的方法就是卷入冲突的人们从这一情况中撤出来，避免发生实际或潜在的争端。

2）竞争或逼迫。竞争或逼迫的方法是把冲突当作一种胜败的局势。这种观念认为，在冲突中获胜要比人们之间的关系更有价值。在这种情况下，人们会使用权力来处理冲突。

3）调停或消除。调停或消除的方法就是尽力在冲突中找出意见一致的方面，最大可能地忽视差异，对可能伤害感情的话题不予讨论。

4）妥协。妥协的方法就是团队成员寻求一个调和折中的方案，着重于分散差异。

5）合作、正视和解决问题。通过这种方法，团队成员正视问题，他们既正视问题的解决，也重视人们之间的关系。

项目三　项目组织类型

> **学习目标：**
> 1. 理解项目组织的特征。
> 2. 掌握项目组织的基本类型。

为了实现项目的目标，必须要调配一定的人员，配置一定的资源，以某种形式的组织去实施项目。因此，项目组织是实施项目的主体。

项目组织是指为完成特定的项目任务而建立起来的，从事项目具体工作的组织。同一般的组织一样，要有相应的领导（即项目经理）、组织的规章制度、配备的人员及组织文化等。

一、项目组织的特征

项目组织的特征如下：

1）生命周期性。项目组织最显著的特征就是临时性。其发展周期与项目的生命周期基本保持同步，可以分为形成阶段、磨合阶段、规范阶段、表现阶段和解散阶段。

2）目的性。任何组织都是有目的的。目的既是组织产生的原因，又是组织形成后使命的体现。

3）专业化分工。组织是在专业化分工的基础上形成的。组织中的不同部门和职务承担不同的任务，这些任务往往是比较复杂的，对专业化能力要求较高。

4）开放性。任何项目组织都与外界环境存在资源和信息的交流。

二、项目组织的基本类型

项目组织是按照项目的目标以一定形式组建起来的。常见的物流工程项目组织的结构有职能型组织结构、项目型组织结构、矩阵型组织结构和混合型组织结构。

1. 职能型组织结构

职能型组织结构是一种传统的、松散的项目组织结构，如图 8-1 所示。其通过在实施项目的组织内部建立一个由各个职能部门相互协调的项目组织来完成某个特定的项目目标。

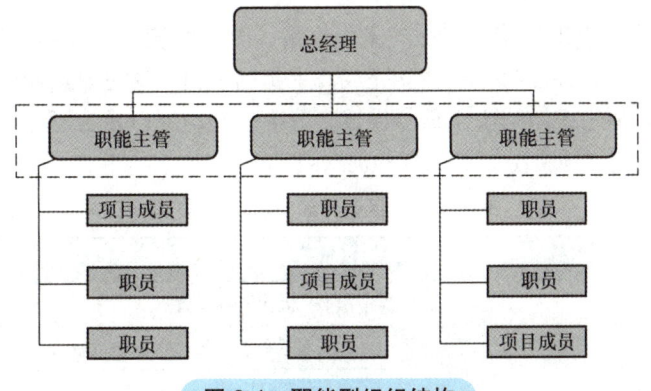

图 8-1　职能型组织结构

职能型组织结构主要承担的是内部项目，很少承担外部项目。当公司开展项目时，由各职能部门的职员承担相应的项目任务，通常情况下他们都是兼职的。这些职员在完成项目任务的同时，还要完成其所属职能部门的任务。项目经理可能是职能部门经理，也可能是某部门的成员，他主要起的是协调作用，对项目的进展没有足够的控制权，对项目团队成员也没有完全的支配权。职能型组织结构的优缺点见表8-1。

表8-1 职能型组织结构的优缺点

优点	缺点
组织结构层次清晰，结构分明	缺乏整体观念
资源利用灵活且成本低	项目组成员责任淡化
有利于项目的持续性	协调难度高
有利于提高企业技术水平	
为本部门团队成员日后的职业生涯提供保障	

2. 项目型组织结构

项目型组织结构的部门是按照项目来设置的，每个部门相当于一个微型的职能型组织，每个部门都有自己的项目经理及其下属的部门，如图8-2所示。项目经理全权管理项目，享有高度的权力和独立性，对项目成员具有直接的管理权力。项目成员都是专职的，当一个项目结束后，团队通常就解散了，团队中的成员可能会被分配到新的项目中去。如果没有新的项目，他们就可能被解雇。

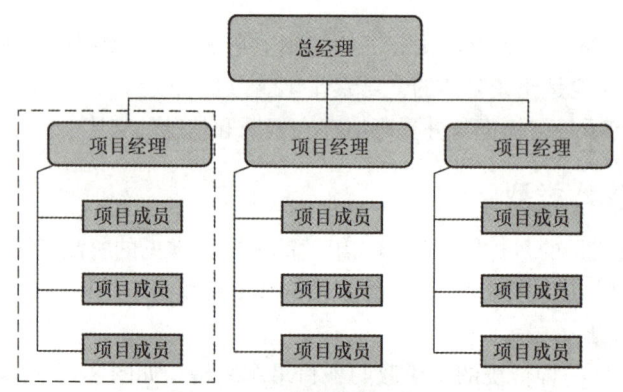

图8-2 项目型组织结构

项目型组织结构最突出的特点就是"集中决策，分散经营"。也就是说，公司的总部控制着所有部门的重大决策，各部门分别独立完成其承担的项目，这也是组织领导方式由集权向分权转化的过程。项目型组织结构由于重复设置，成本较高，所以常在那些投资额很大、时间跨度长的大型项目中使用。项目型组织结构的优缺点见表8-2。

表8-2 项目型组织结构的优缺点

优点	缺点
责任明确、统一指挥	机构重复设置
有利于项目控制	不利于成员技术水平的提高
有利于综合性人才的成长	不稳定性

3. 矩阵型组织结构

矩阵型组织结构是一个混合体，是为了最大限度地利用组织中的资源和能力而发展起来的。它在职能型组织的垂直结构中叠加了项目型组织的水平结构，兼有职能型组织结构和项目型组织结构的特征。矩阵型组织结构在一定程度上避免了这两种结构的缺陷，发挥了它们的最大优势。

根据组织中项目经理和职能经理权限的大小，可以将矩阵型组织结构分为弱矩阵式组织结构、强矩阵式组织结构和平衡矩阵式组织结构3种形式。

1）弱矩阵式组织结构。由一个项目经理来负责协调各项项目工作，项目成员在职能部门为项目服务。但是项目经理没有多大权力来确定资源在各个职能部门分配的优先级，即项目经理有职无权。弱矩阵式组织结构如图8-3所示。

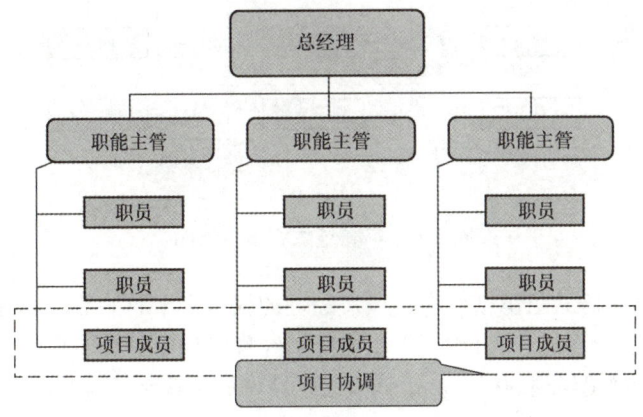

图 8-3　弱矩阵式组织结构

2）强矩阵式组织结构。项目经理主要负责项目，职能部门经理辅助分派人员。项目经理对项目可以实施更有效的控制，但职能部门对项目的影响在减小。强矩阵式组织类似于项目型组织，项目经理决定什么时候做什么，职能部门经理决定派哪些人、使用哪些技术。强矩阵式组织结构如图8-4所示。

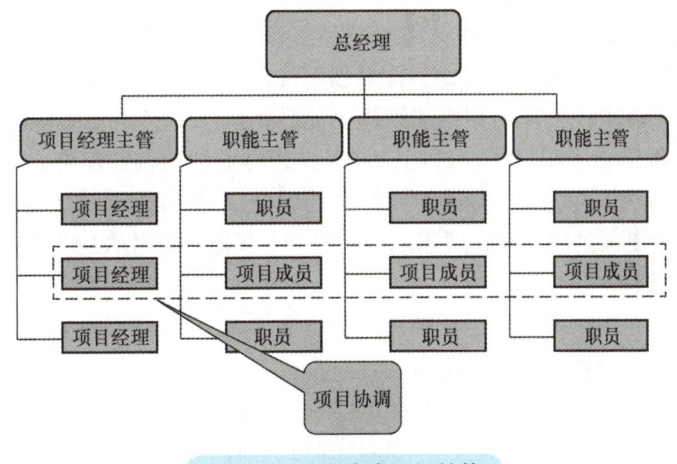

图 8-4　强矩阵式组织结构

3）平衡矩阵式组织结构。项目经理负责监督项目的执行，职能部门经理对本部门的工作负责。项目经理负责项目的时间和成本，职能部门经理负责项目的界定和质量。平衡矩阵式组织结构如图 8-5 所示。一般来说，平衡矩阵式组织结构很难维持，这主要取决于项目经理和职能部门经理的相对力度。平衡不好，要么变成弱矩阵式组织结构，要么变成强矩阵式组织结构。

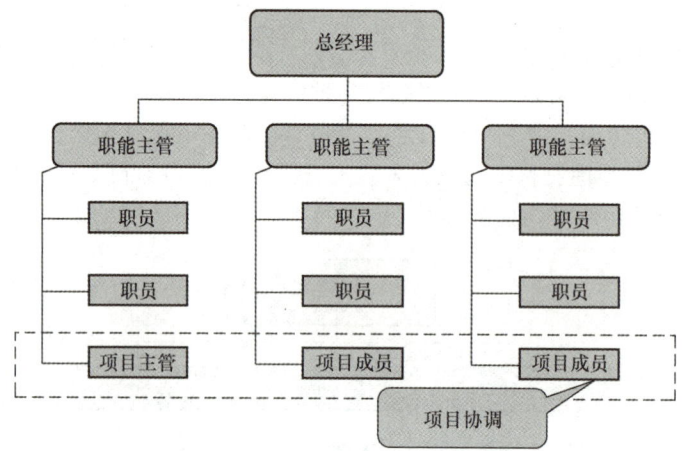

图 8-5　平衡矩阵式组织结构

总体来看，在强矩阵式组织结构中，项目经理的权力大于职能部门经理的权力；在平衡矩阵式组织结构中，项目经理的权力约等于职能部门经理的权力；在弱矩阵式组织结构中，项目经理的权力小于职能部门经理的权力。矩阵型组织结构的优缺点见表 8-3。

表 8-3　矩阵型组织结构的优缺点

优点	缺点
灵活性	对项目经理的能力要求较高
提高管理效率	多头领导
成员无后顾之忧	缺乏公司整体观念

一般来说，职能型组织结构适用于不确定性程度较低、所用技术标准规范、持续时间较短的小型项目，而不适用于环境变化较大、技术创新性很强的大型项目。因为环境的快速变化需要各职能部门的紧密配合，而职能型组织结构不能满足这一要求。这时应该采用项目型组织结构，因为每个项目都下设了很多职能部门，可以进行有效的协调和配合，来适应环境的变化。同职能型和项目型组织结构相比，矩阵型组织结构融合了上述两种组织结构的优点，在充分利用公司的资源上具有更大的优越性，适用于技术复杂、风险程度较大的大型项目。

4. 混合型组织结构

混合型组织结构是一种职能型组织结构、项目型组织结构和矩阵型组织结构的混合。在这种混合组织结构中，企业可以先将刚启动且尚未成熟的项目放在某个职能部门中，当其逐渐成熟并具有一定地位后，再将其作为一个独立的项目，最后也有可能发展成为一个独立的部门。

这种混合型组织结构使企业在建立项目组织时具有较大的灵活性，但也有一定的风险。同一企业的若干项目采取不同的组织形式，由于利益分配上的不一致性，容易产生矛盾。

思考与训练

1. 比较不同项目组织结构的优点与缺点。
2. 项目团队的特点是什么？项目团队的发展经过了哪几个阶段？
3. 请分析以下案例并回答问题。

某物流公司拥有20余座大城市的分拨基地、1000辆货运车辆和约5000名员工。为在激烈的市场竞争中获胜并提升企业的信息化管理水平，该公司经可行性研究论证，决定投资200万元，用半年的时间开发一套物流管理信息系统。公司从内部任命了一位主管经营的副总经理担任项目经理，领导该公司的信息部进行系统的开发与建设。但是，5个月过去了，系统的开发依旧停留在系统分析与设计阶段，购置的大量设备处于闲置状态，项目进展缓慢。

思考：根据上述背景，从项目组织管理角度分析项目进展缓慢可能的原因，并提出改善的措施。

4. 项目经理应具备哪些素质和能力？针对单元二思考与训练第3题中选择的项目，如果由你自己担任项目经理，你会是一个合格的项目经理吗？你打算如何管理你们的团队？

参考文献

[1] 徐莉. 项目融资 [M]. 武汉：武汉大学出版社，2006.
[2] 孙慧. 项目成本管理 [M]. 北京：机械工业出版社，2005.
[3] 邱菀华，沈建明，杨爱华，等. 现代项目管理导论 [M]. 北京：机械工业出版社，2002.
[4] 刘荔娟. 现代采购管理 [M]. 上海：上海财经大学出版社，2005.
[5] 陈池波，崔元峰. 项目管理 [M]. 武汉：武汉大学出版社，2006.
[6] 王祖和. 项目质量管理 [M]. 北京：机械工业出版社，2004.
[7] 鞠颂东，徐杰. 采购管理 [M]. 北京：机械工业出版社，2005.
[8] 鲁耀斌. 项目管理：原理与应用 [M]. 大连：东北财经大学出版社，2009.
[9] 郭波，龚时雨，谭云涛，等. 项目风险管理 [M]. 北京：电子工业出版社，2008.
[10] 张旭辉，孙晖. 物流项目管理 [M]. 北京：北京大学出版社，2013.
[11] 王立国，吴春雅，赫连志巍，等. 项目管理教程 [M]. 北京：机械工业出版社，2008.
[12] 王长峰，李建平，纪建悦. 现代项目管理概论 [M]. 北京：机械工业出版社，2008.
[13] 周立新. 物流项目管理 [M]. 上海：同济大学出版社，2004.
[14] 冯俊文，高朋，王华亭. 现代项目管理学 [M]. 北京：经济管理出版社，2009.
[15] 美国项目管理协会. 项目管理知识体系指南 [M]. 卢有杰，王勇，译. 3版. 北京：电子工业出版社，2005.
[16] 毕星，翟丽. 项目管理 [M]. 上海：复旦大学出版社，2000.
[17] 骆殉，等. 项目管理教程 [M]. 北京：机械工业出版社，2004.
[18] 刘胜春，李严锋. 第三方物流 [M]. 大连：东北财经大学出版社，2006.
[19] 陈文若. 第三方物流 [M]. 北京：对外经济贸易大学出版社，2004.
[20] 骆温平，谷中华. 第三方物流教程 [M]. 上海：复旦大学出版社，2006.
[21] 秦立公，王兴中，丁庆. 物流项目管理 [M]. 北京：中国时代经济出版社，2006.
[22] 刘中，李明顺，柳伍生. 物流项目招投标管理 [M]. 北京：电子工业出版社，2006.
[23] 王学锋，刘盈，刘颖. 国际物流项目管理 [M]. 上海：同济大学出版社，2006.
[24] 赵均铎. 第三方物流运作实务 [M]. 北京：机械工业出版社，2006.
[25] 陈水坤. 第三方物流的组织与管理 [M]. 苏州：苏州大学出版社，2004.
[26] 孙贤伟. 物流组织管理 [M]. 北京：机械工业出版社，2004.
[27] 赵涛，潘欣鹏. 项目成本管理 [M]. 北京：中国纺织出版社，2004.
[28] 彭秀兰，毛磊. 物流运筹方法与工具 [M]. 北京：机械工业出版社，2006.
[29] 中国（双法）项目管理研究委员会. 中国项目管理知识体系 [M]. 北京：电子工业出版社，2006.